Nadeeshika Meddage

AVQUICK Meta Search Engine para pesquisa rápida de áudio e vídeo

Nadeeshika Meddage

AVQUICK Meta Search Engine para pesquisa rápida de áudio e vídeo

ScienciaScripts

Imprint

Cover image: www.ingimage.com

This book is a translation from the original published under ISBN 978-3-659-67192-0.

Publisher:
Sciencia Scripts
is a trademark of
Dodo Books Indian Ocean Ltd. and OmniScriptum S.R.L publishing group

120 High Road, East Finchley, London, N2 9ED, United Kingdom
Str. Armeneasca 28/1, office 1, Chisinau MD-2012, Republic of Moldova, Europe
Printed at: see last page
ISBN: 978-620-8-09280-1

Índice:

AVQUICK META MOTOR DE BUSCA PARA O QUICK

PESQUISA AUDIOVISUAL

NADEESHIKA RUWANDI MEDDAGE

META MOTOR DE PESQUISA AVQUICK PARA UMA PESQUISA ÁUDIO-VISUAL RÁPIDA

NADEESHIKA RUWANDI MEDDAGE,

Instituto de Educação Tecnológica Avançada do Sri Lanka

Estrada Waidya

Dehiwala

Sri Lanka

A otimização dos motores de busca de vídeo é uma nova tendência na Internet. O aumento da procura de pesquisas em vídeo convenceu as empresas a gastarem mais em motores de pesquisa em vídeo como estratégia de marketing. Por conseguinte, a conceção de motores de pesquisa de vídeo tornou-se uma tendência lucrativa e imaginária. A maior parte dos motores de pesquisa de vídeo existentes utiliza os seus próprios repositórios de vídeo (bases de dados) para armazenar dados de vídeo, a fim de satisfazer as necessidades de vídeo dos utilizadores da Internet, o que é mais dispendioso porque os ficheiros de vídeo necessitam de uma maior capacidade de armazenamento e é necessária uma vasta gama de filmes para satisfazer os utilizadores, o que é incomportável para os particulares e as pequenas empresas. O motor de metapesquisa é a solução ideal para desenvolver um motor de pesquisa de vídeo com o mínimo de esforço e de custos. O desenvolvimento de um metasearch é suportado por uma variedade de tecnologias Web e competências de programação. Este projeto de investigação diz respeito à criação de um motor de meta-pesquisa baseado num servidor, o "AVQUICK", para pesquisar em vários motores de pesquisa de vídeo, extrair os melhores vídeos para determinadas consultas do utilizador e reordenar os resultados para proporcionar uma melhor experiência de vídeo aos utilizadores. O

AVQUICK é desenvolvido utilizando a linguagem de programação VB.net e não se espera que utilize bases de dados próprias. São utilizadas diferentes técnicas de "Recuperação de Informação" (RI) e técnicas de extração de conteúdos da Web para procurar nos motores de busca, analisar documentos HTML, extrair texto e voltar a classificar os resultados recolhidos.

RECONHECIMENTO

Utilizo o reconhecimento para enumerar todas as pessoas a quem "gostaria de agradecer". Esta frase faz parecer que eu queria agradecer a estas pessoas mas fui impedido de o fazer por uma razão não especificada e possivelmente sinistra. Não é esse o caso, pois esta documentação dá-me carta branca para agradecer. Assim, agradeço ao Professor Saluka Kodithuwakku que me aconselhou e supervisionou o meu projeto desde o início até ao fim. Deu-me alguns pontos para melhorar o meu projeto e transmitiu-me muita confiança enquanto professor/orientador e amigo. A sua orientação ajudou-me a concluir o projeto com êxito e eficácia, o que cumpriu os requisitos do

Athula Perera, Diretor do Departamento de Matemática da Faculdade de Ciências da Universidade de Peradeniya, que me ajudou a concluir este programa de uma forma agradável.

Gostaria também de agradecer ao Conselho de Estudos de Pós-graduação, Instituto de Pós-graduação em Ciências, Universidade de Pereadeniya, por ter dado a oportunidade e a facilidade de estudar para obter o grau de Mestre em Ciências Informáticas.

Os meus sinceros agradecimentos aos meus pais. Sem a vossa coragem, apoio e confiança em mim, nunca teria chegado a esta situação. Agradeço a todos os que me ajudaram no projeto e fizeram a maior parte do meu trabalho, permitindo-me concentrar-me apenas nos estudos.

CAPÍTULO 1

1.1 VISÃO GERAL

A otimização dos motores de busca de vídeo é uma nova tendência na Internet. O aumento da procura de pesquisa de vídeo convenceu as empresas a investirem mais em motores de pesquisa de vídeo como estratégia de marketing. Um motor de metapesquisa é uma ferramenta de pesquisa que envia os pedidos dos utilizadores a vários outros motores de pesquisa e/ou bases de dados e agrega os resultados numa única lista ou apresenta-os de acordo com a sua fonte. Os motores de metapesquisa permitem que os utilizadores introduzam os critérios de pesquisa uma vez e acedam a vários motores de pesquisa simultaneamente. Os motores de metabusca funcionam com base na premissa de que a Web é demasiado grande para que um único motor de busca a possa indexar na totalidade e que é possível obter resultados de pesquisa mais completos combinando os resultados de vários motores de busca. Isto também pode evitar que o utilizador tenha de utilizar vários motores de pesquisa separadamente.

Por conseguinte, a conceção de motores de pesquisa de vídeo tornou-se uma tendência lucrativa e imaginária. A maior parte dos motores de pesquisa de vídeo existentes utiliza os seus próprios repositórios de vídeo (bases de dados) para armazenar dados de vídeo a fim de satisfazer as necessidades de vídeo dos utilizadores da Internet, o que é mais dispendioso porque os ficheiros de vídeo necessitam de uma maior capacidade de armazenamento e é necessária uma vasta gama de filmes para satisfazer os utilizadores, o que é incomportável para os particulares e as pequenas empresas. O motor de metapesquisa é a solução ideal para desenvolver um motor de pesquisa de vídeo com o mínimo de esforço e de custos. O desenvolvimento de uma metapesquisa é suportado por uma variedade de tecnologias Web e competências de programação.

1.2 DECLARAÇÃO DO PROBLEMA

No início, os utilizadores em linha utilizavam os motores de pesquisa tradicionais, que eram menos fáceis de utilizar devido às operações associadas, como as booleanas, as consultas, as pesquisas de proximidade, as baseadas em texto e a análise de ligações. Durante a última década, os motores de pesquisa da Internet tornaram-se tão populares que os motores de pesquisa foram considerados *"veículos de procura de informação e meios de publicidade em linha"*. Um *inquérito 10th WWW user survey"* realizado pela "Georgia Tech University" revela que 85% dos utilizadores da Web utilizam os motores de pesquisa da Internet para satisfazer as suas necessidades de pesquisa quotidianas e que as empresas de otimização dos motores de pesquisa (SEO) obtiveram receitas de publicidade em linha de 16,5 mil milhões de dólares durante o ano de 2005. Os motores de pesquisa são de diferentes tipos e utilizam diferentes mecanismos de pesquisa para procurar diferentes recursos digitais, como vídeos, imagens, ficheiros áudio, documentos de texto, etc. Entre todos os diferentes tipos de fontes digitais, os vídeos em linha ocupam um lugar crucial devido ao aumento da procura. Um artigo publicado na Internet por "Wayne Friedman" refere que a procura e a utilização de vídeos em linha têm aumentado de forma inacreditável. De acordo com o artigo, um inquérito revelou que 37% dos consumidores de televisão tradicional preferem vídeos em linha mais curtos a programas de televisão completos. Além disso, 43% dos vídeos em linha são carregados por utilizadores regulares de vídeos em linha. 32% dos vídeos provêm de notícias, 31% de antevisões de filmes e 26% de comédias ou bloopers. O artigo diz ainda que 34% dos utilizadores de televisão preferem utilizar a Internet em metade do tempo que passam a ver televisão. O facto mais importante recolhido no inquérito é que *"43% de todos os utilizadores da Internet costumam ver alguns vídeos em linha"*. Isto revela que a popularidade e a utilização de vídeos em linha estão a crescer rapidamente. Por isso, é importante conceber motores de pesquisa para procurar vídeos de forma eficaz e eficiente. Embora existam numerosos motores de pesquisa de vídeos, a maior parte deles não consegue satisfazer quase todas as consultas de pesquisa dos utilizadores devido às diferentes dimensões dos repositórios associados. Para ultrapassar este problema, foram introduzidos os meta-motores de pesquisa. Basicamente, os meta-motores de pesquisa enviam as consultas dos utilizadores a diferentes motores de pesquisa para deles extrair vários resultados e, em seguida, voltam a classificar os resultados utilizando as suas próprias técnicas de classificação.

Por conseguinte, o desenvolvimento de meta-motores de pesquisa pode ser reconhecido como um aspeto de baixo custo, mais vantajoso e que exige menos esforço para proporcionar uma melhor experiência de pesquisa aos utilizadores da Internet, em vez de criar novos motores de pesquisa com bases de dados próprias.

1.3 SOLUÇÃO PROPOSTA

As investigações efectuadas no âmbito dos motores de metapesquisa e os factos recolhidos demonstram que a procura de metapesquisa continua a aumentar e que a criação de um motor de metapesquisa traz objectivos financeiros definidos, diretos e indirectos.

Este projeto de investigação diz respeito à criação de um motor de meta-pesquisa baseado num servidor, o "AVQUICK", para pesquisar em vários motores de busca de vídeo, extrair os melhores vídeos para determinadas consultas dos utilizadores e reordenar os resultados para proporcionar uma melhor experiência de vídeo aos utilizadores. O AVQUICK é desenvolvido utilizando a linguagem de programação VB.net e não se espera que utilize bases de dados próprias. São utilizadas diferentes técnicas de "Recuperação de Informação" (RI) e técnicas de extração de conteúdos da Web para procurar nos motores de busca, analisar documentos HTML, extrair texto e voltar a classificar os resultados recolhidos.

O novo motor de metabusca AVQUICK é um "motor de busca baseado no servidor" e permite que os utilizadores da Internet introduzam pedidos de pesquisa para procurar os vídeos que pretendem a partir de vários motores de busca de vídeo conectados. O motor de metapesquisa recolhe os 10 melhores resultados dos motores e classifica-os utilizando o seu algoritmo de classificação. O algoritmo de classificação de páginas do AVQUICK analisa as páginas relacionadas (páginas ligadas) das páginas de resultados para calcular os "Out Links" que apontam para as páginas de resultados (vídeos). Para este projeto, a análise de "Out Link" é feita em duas rondas. A ronda inicial analisa todas as páginas diretamente ligadas aos resultados e, em seguida, como 2nd ronda, as páginas relacionadas com as páginas analisadas (páginas relacionadas com os resultados) são analisadas para identificar quaisquer "Out links" para os resultados. As "Outlinks" de outras páginas relacionadas são consideradas como votação/peso. Os vídeos (páginas de resultados) com maior peso/votação ou páginas mais importantes são apresentados aos utilizadores como vídeos de topo. O AVQUICK apresenta os resultados classificados na interface em dois layouts diferentes com base na seleção do utilizador. Todas as páginas classificadas são deslocadas da página de classificação superior para a página de classificação mínima, se o utilizador selecionar a opção "All" da Interface, enquanto a opção "Top 4" apresenta apenas os quatro melhores resultados.

1.4 OBJECTIVOS E METAS

O novo metasearch foi desenvolvido para funcionar como um motor de pesquisa baseado no servidor, que permite simplesmente aos utilizadores da Internet utilizar o AVQUICK para pesquisar os melhores vídeos sem qualquer instalação prévia no PC do utilizador. Inicialmente, espera-se que os novos motores de pesquisa metasearch pesquisem em motores de pesquisa populares selecionados para recolher e apresentar os resultados dos vídeos. Por conseguinte, a consulta inicial do utilizador tem de ser convertida em múltiplas consultas adequadas para enviar para os motores de busca. Em seguida, os 10 melhores resultados de vídeo de cada motor serão recolhidos e apresentados na interface do utilizador como resultado inicial.

A AVQUICK utiliza o seu próprio algoritmo de classificação, que se baseia na análise de "Out Links" de outras páginas relacionadas. Para transformar esta ideia num algoritmo funcional, são aplicadas várias técnicas de Web mining, de recuperação de informação (IR) e de programação. Este algoritmo de classificação de páginas analisa as páginas ligadas às páginas de resultados, seguindo as hiperligações URL nas páginas de resultados. Em seguida, as novas páginas adquiridas são analisadas para recolher os URLs nelas contidos e, desta forma, todas as ligações URL nas páginas de vídeos são recolhidas até se atingir o número esperado de URLs totais. Em seguida, é efectuado um cálculo para contar a frequência com que os URL dos resultados aparecem na coleção de URL recolhidos (Out Links). Esta frequência (total calculado) é considerada como peso para a classificação. Finalmente, os resultados com pesos mais elevados serão apresentados no topo da interface como resultados classificados. Os utilizadores podem selecionar opções para ver os resultados como "Top 4 Ranked Videos" ou "All Ranked Videos" de acordo com a prioridade da classificação.

1.5 DESCRIÇÃO DO PRESENTE DOCUMENTO

Este documento explica como o novo motor de meta-pesquisa AVQUICK é desenvolvido de forma sistemática, seguindo as fases do ciclo de vida do software "Metodologia de conceção e análise de sistemas estruturados".

1.5. 1INTRODUÇÃO

A primeira secção deste capítulo contém uma visão geral que descreve brevemente o que é um motor de pesquisa meta e a procura de um motor de pesquisa meta.

A segunda secção apresenta a descrição do problema. Sobre o metamotor de busca tradicional e a razão pela qual as pessoas procuram metamotores de busca.

Uma breve descrição da solução proposta está disponível na terceira secção do capítulo 1.

Os objectivos são discutidos na quarta secção do capítulo 1.

1.5.2 . REVISÃO DA LITERATURA / ANÁLISE DE REQUISITOS

A descrição de algumas investigações anteriores selecionadas que estudei para conceber esta abordagem é apresentada na revisão da literatura.

Os requisitos funcionais, não funcionais e de dados e a conceção lógica são abordados na parte deste capítulo relativa à análise dos requisitos

1.5. 3METODOLOGIA

Este capítulo apresenta uma descrição pormenorizada da abordagem proposta e discute a metodologia.

A parte final deste capítulo aborda a arquitetura e a conceção física do sistema.

1.5.4RESULTADOS E DISCUSSÃO

Neste capítulo, descreve-se a forma como o método proposto é validado. A avaliação do sistema cruza as metas e os objectivos com o sistema em funcionamento para verificar se o sistema atingiu os objectivos esperados.

Investigações futuras e desenvolvimento futuro explicam o que se espera que as investigações e as possíveis expansões do sistema façam para melhorar a qualidade e as caraterísticas do sistema existente no futuro.

1.5. 5CONCLUSÃO

A conclusão resume o modo como o AVQUICK funciona e que tipo de tecnologias são utilizadas para atingir os objectivos.

CAPÍTULO 2

REVISÃO DA LITERATURA / ANÁLISE DOS REQUISITOS

2.1 REVISÃO DA LITERATURA

Esta secção aborda algumas investigações efectuadas por especialistas relacionadas com os motores de metapesquisa e a pesquisa de metadados que foram publicadas em artigos de investigação na Internet. Os artigos de investigação foram encontrados principalmente na ACM, IEEE e Internet, discutem o funcionamento das tecnologias de meta-busca existentes e a contribuição dos investigadores para melhorar as tecnologias existentes, como a recuperação de informação, a classificação Rang, etc.

Helios, Mamma.com, merf são alguns dos motores de meta-pesquisa e são discutidos, descritos e resumidos em "Trabalhos relacionados", indicando até que ponto as abordagens utilizadas são bem sucedidas.

2.1.1 OBRAS RELACIONADAS

2.1.1.1 MELHORAR O MOTOR DE METAPESQUISA HELIOS

RELATÓRIO DE PROJECTO CS6125

O "Helios" é um motor de meta-pesquisa desenvolvido por Antonio Gulli e Alessio Gignorini e posteriormente melhorado. Como requisitos para o "Helios original", os criadores tinham reconhecido "a realização de pesquisas em 18 motores de pesquisa diferentes para pesquisar na Web, livros, notícias e publicações académicas", produzindo depois resultados para o utilizador e permitindo que este ligue facilmente mais motores de pesquisa conforme necessário[1]. O projeto pode ser reconhecido como financeiramente viável porque é um projeto de fonte aberta, o que significa que especialistas externos podem contribuir para o desenvolvimento dando sugestões e ideias. Isto reduz os custos envolvidos na análise dos requisitos, na conceção e na implementação. O novo Helios também é tecnicamente viável porque utiliza tecnologias amplamente disponíveis, como a classificação de páginas e o desenvolvimento de interfaces Web. Com as novas funcionalidades da GUI e as técnicas de classificação de páginas utilizadas, o novo Helios também é viável do ponto de vista operacional, porque os utilizadores consideram fácil utilizar o motor de metamarcha através da GUI Web em vez de utilizar a interface de linha de comando que era utilizada no Helios anterior.

Análise e especificação dos requisitos: A equipa do "Helios" pretende melhorar o "Helios" existente porque se apercebeu de que este tem várias lacunas. O antigo motor de meta-pesquisa produzia os resultados de acordo com a ordem dos 18 motores de pesquisa que utilizava e não utilizava qualquer algoritmo de classificação para dar prioridade às páginas de acordo com a sua importância. Além disso, o "Helios" não oferecia qualquer interface Web e os utilizadores tinham de utilizar a interface de linha de comandos para transmitir os argumentos adequados ao Helios a fim de obter resultados. Uma equipa de um projeto de investigação para melhorar as funcionalidades do Helios reconheceu que o Helios existente não é suficiente para satisfazer as necessidades dos utilizadores e que deve ser desenvolvido de novo com novas funcionalidades. Foram reconhecidos dois novos requisitos para a especificação dos requisitos do novo projeto, tais como *"introduzir a classificação das páginas para apresentar os resultados" e "interface GUI"*, que não estavam disponíveis anteriormente. A nova interface permite aos utilizadores introduzir as suas consultas e selecionar a língua[2].

Conceção do Helios: A interface do Helios submete a consulta do utilizador, juntamente com a língua, ao "Local Query Parser and Emitter". Em seguida, o "Local Query Parser and Emitter" interpreta e reformata a consulta que pode ser reconhecida pelos motores de pesquisa ligados ao Helios e envia-a para os motores de pesquisa para encontrar resultados. Os resultados produzidos pelos motores de pesquisa são recolhidos pelo "Search Results- Collector and Parser". Finalmente, o "Merger and Ranker" classifica os resultados utilizando algoritmos de classificação. A equipa do projeto reconheceu a arquitetura do Helios para a sua conceção, tal como se segue.

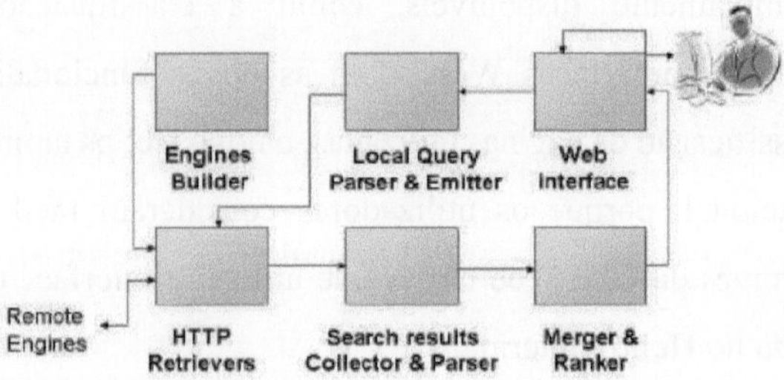

Figura 2:1 Arquitetura do novo motor de pesquisa Helios [2]

A equipa do projeto propôs o "Merger and Ranker" (MR) para classificar os resultados. O MR recolhe os resultados do "Results collector & parser" para classificação e é constituído por QUATRO componentes principais.

(i) **Classificação sintáctica -** É o peso atribuído às páginas de diferentes motores de busca, que pode variar de motor de busca para motor de busca, associado a um meta motor de busca. Mas, no novo projeto Helios, foi atribuído o mesmo peso às páginas de todos os motores de busca.

(ii) **Classificação semântica -** Trata-se de determinar o número de palavras (idioma) disponíveis no conteúdo da página Web. Às páginas com maior frequência são atribuídos pesos mais elevados.

(iii) Classificador **semântico-sintático** - Esta classificação é determinada comparando as palavras da língua com todas as palavras disponíveis na descrição e no título das páginas Web. Para determinar a força da relação entre as palavras, é utilizado o gráfico da rede semântica.

(iv) **Global Grader-** Esta é uma fórmula que utiliza as três classificações anteriores.

Implementação do Helios: A equipa do projeto decidiu implementar os melhoramentos e a CGI também em C, porque o Helios original também foi desenvolvido em C. A GUI (interface Web) será implementada em HTML. A equipa de projeto adoptou o "controlo de versões" para o seu novo projeto. [2] Prevê-se que o projeto Helios utilize motores de pesquisa de fonte aberta para a pesquisa. Além disso, espera-se utilizar codificação de fonte aberta e menos pessoal para desenvolver o motor de meta-pesquisa. De acordo com os factos acima referidos, o "novo Helios" satisfaz uma série de requisitos dos utilizadores que não estavam cobertos pela versão inicial. Por isso, pode ser reconhecido como um projeto rentável bem sucedido[3].

2.1.1.2 MAMMA, A MÃE DE TODOS OS MOTORES DE META-PESQUISA

O Mamma.com é outro conhecido motor de meta-pesquisa que pesquisa uma série de motores de pesquisa, diretórios e sítios de conteúdo profundo para extrair metadados. Foi inicialmente criado como uma tese de mestrado em 1996 e foi útil na introdução dos motores de meta-pesquisa na Internet. O "Mamma" ficou famoso devido aos seus resultados de pesquisa de alta qualidade e às vantagens da metapesquisa. O "Mamma" utiliza o algoritmo "rSort" para classificar páginas de diferentes fontes. O "rSort" é uma versão simplificada do "método Condorcet" que funciona como um sistema de votação. O rSort reconhece os resultados duplicados das fontes como votos para as páginas. As páginas com maior número de votos (resultados duplicados) são apresentadas no topo, enquanto as páginas com o mínimo de votos são apresentadas no fundo da página de resultados. Revelou que 80% das pesquisas contêm pelo menos um resultado duplicado e, por isso, "Mamma.com" apresenta os primeiros 8 resultados com duplicados no topo [4]. Trata-se de uma boa abordagem, porque a maioria dos motores de meta-pesquisa considera os resultados duplicados um incómodo e utiliza mecanismos de filtragem para os remover.

O algoritmo utilizado no novo motor de metabusca AVQUICK é também semelhante ao sistema de votação aplicado em "Mamma.com", explicado acima. O algoritmo do AVQUICK extrai todas as ligações URL (ligações externas) que aparecem nas páginas relacionadas com as páginas de resultados. São extraídas mais ligações de saída das ligações de saída extraídas (páginas). Os URLs duplicados que aparecem na coleção de ligações externas iguais aos URLs da página de resultados são considerados como votos para a classificação de uma página.

2.1.1.3 ACORDO DE PERITOS E RE CLASSIFICAÇÃO NUM AMBIENTE DE META PESQUISA UTILIZANDO MEARF

Um trabalho de investigação publicado na ACM[12] aborda o desenvolvimento de um novo motor de metabusca mais semelhante ao projeto proposto. O objetivo do trabalho de investigação era estudar diferentes formas de reordenar e fundir resultados provenientes de diferentes motores de pesquisa ligados a um motor de meta-pesquisa. Introduziram QUATRO métodos novos diferentes, tais como *"Interleave, Agreement, Centroid, BestSim"*, para fundir e avaliar o seu desempenho. Duas abordagens (Centroid e WCentroid) foram desenvolvidas utilizando o Centroid, enquanto o BestSim e o BestMSim foram desenvolvidos seguindo o BestSim. Os métodos Interleave e Agreement utilizam variações da Combinação Linear (LC). Os restantes quatro métodos, Centroid, CentroidW, BestSim e BestMSim, encontram alguns documentos relevantes e utilizam o vetor para reclassificar as páginas. A avaliação experimental da ideia proposta baseou-se numa análise sistemática de mais de 10 000 registos de consultas recolhidos ao longo de um ano no motor de metabusca proposto Mearf. Quando os registos são recolhidos uma vez, espera-se analisar os fluxos de cliques para identificar a posição média dos cliques como uma métrica que pode ser utilizada para avaliar automaticamente diferentes metodologias em determinadas condições. A estrutura do Mearf (Figura 2.2) ilustra o seu funcionamento.

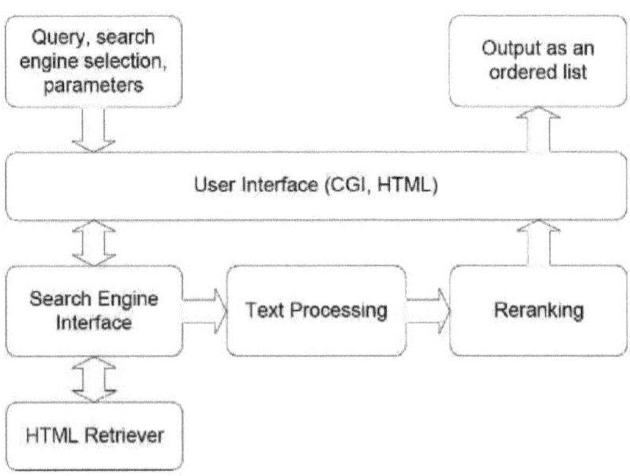

Figura 2:2 Estrutura do Mearf[12]

A interface do Mearf contém um programa CGI que permite aos utilizadores introduzir consultas e selecionar sub-motores de pesquisa ligados a ele. Uma vez introduzida a consulta, esta é transmitida aos motores de pesquisa para extrair os resultados sob a forma de páginas HTML. Em seguida, o Mearf analisa as páginas HTML e extrai os URL, os títulos dos URL e as informações dos snippets, que são transmitidos ao módulo de processamento de texto, sendo ignoradas as ligações desnecessárias. O módulo processa os títulos dos URL e os snippets. Para o módulo de processamento de texto, foram aplicados métodos de recuperação de informação, como a remoção de palavras de paragem, o stemming e a normalização TF-IDF. O módulo de processamento de texto está ligado a um dicionário que inclui palavras com haste e uma lista de palavras de paragem aumentadas. Os títulos de URL e os snippets são organizados como um espaço vetorial para apoiar a classificação. O módulo de reclassificação reclassifica e apresenta os resultados na interface do utilizador.

Apesar de o Mearf e o AVQUICK serem motores de meta-pesquisa, utilizam mecanismos completamente diferentes para reordenar as páginas. O Mearf utiliza a extração da utilização da Web e não utiliza a extração do conteúdo da Web, enquanto o AVQUICK proposto utiliza apenas a extração do conteúdo da Web para a reclassificação.

2.2 ANÁLISE DOS REQUISITOS

No desenvolvimento de produtos de software, é fundamental recolher o conjunto correto de requisitos. Em projectos normais de desenvolvimento de software, são utilizados diferentes métodos, como entrevistas, questionários e observações, para identificar as necessidades dos utilizadores. "Mark Whidby, diretor de um famoso motor de metabusca (dogpile.com), afirma que ouviram os seus utilizadores e fizeram investigação para recolher requisitos para melhorar o motor de metabusca dogpile [5]. Mas, de acordo com a natureza do motor de metabusca desenvolvido, o AVQUICK, os três métodos acima referidos são impossíveis de recolher requisitos. O único método possível é estudar os outros motores de metabusca existentes. Durante o trabalho de investigação, podem ser levantadas as seguintes questões para recolher requisitos funcionais e não funcionais para o novo motor de metabusca desenvolvido.

2.2.1 REQUISITOS FUNCIONAIS:

As questões seguintes podem ser colocadas para identificar os requisitos funcionais do motor de metabusca proposto.

1. Quem são os utilizadores do motor de meta-pesquisa AVQUICK desenvolvido?

2. Que tipo de informações os utilizadores pretendem recolher do motor de metabusca?

3. Que motores de busca são utilizados para recolher metadados de vídeo para satisfazer os requisitos dos utilizadores?

4. As pesquisas são efectuadas em mais do que um motor de busca?

5. Que informações são recolhidas e armazenadas relativamente a uma página (vídeo)?

6. Todos os motores de busca têm todos os metadados necessários e na mesma ordem?

7. Durante quanto tempo as informações extraídas serão mantidas no local de armazenamento?

8. Os dados do utilizador são necessários para armazenar e guardar para utilização futura?

9. É necessária uma interface GUI para o motor de meta-pesquisa?

10) Existe algum limite para os vídeos recolhidos?

11 Todos os vídeos (URLs) são apresentados numa única página como resultados?

12 Quantos vídeos são apresentados como resultado numa página?

13 Os resultados recolhidos precisam de ser classificados?

2.2.2 REQUISITOS NÃO FUNCIONAIS:

As perguntas seguintes podem ser utilizadas para recolher requisitos não funcionais.

1. É necessária uma interface GUI ou CLI?
2. Os utilizadores recebem contas de utilizador (nome de utilizador/palavra-passe) para aceder ao motor de meta-pesquisa?
3. Os utilizadores estão autorizados a aceder aos serviços de metapesquisa sem terem uma conta de utilizador?
4. Se mantiver registos de utilizadores, pretende utilizá-los para futuras funções de extração de dados para recomendação de vídeos aos utilizadores (extração de utilização da Web)?
5. São gráficos (logótipos, fotografias, imagens, animações, vídeos) utilizados para conceber a interface.
6. É utilizada alguma linguagem de programação especial para o desenvolvimento?
7. O SGBD é utilizado para armazenar e gerir dados? Em caso afirmativo, qual é o SGBD utilizado?
8. O projeto tem um prazo para ser concluído?
9. Que metodologia de desenvolvimento é utilizada para o projeto?

10) Em que servidor está alojado o motor de meta-pesquisa?

11. os utilizadores necessitam de formação?

2.2.3. REQUISITOS DE DADOS:

Os membros dos dados e os requisitos de dados foram recolhidos através da procura de respostas para as perguntas acima referidas. Os requisitos de dados recolhidos são apresentados no quadro 1.

Utilizador	Os utilizadores da Internet em todo o mundo serão os utilizadores do metamotor de busca de vídeo proposto e podem aceder ao metamotor de busca AVQUICK utilizando simplesmente o endereço Web da AVQUICK e os utilizadores têm de encontrar os vídeos que pretendem.
Interface do utilizador	A interface de utilizador do AVQUICK é GUI e permite que os utilizadores introduzam as suas consultas para encontrar os vídeos pretendidos. Os vídeos encontrados e classificados serão apresentados na interface do utilizador como resultados, juntamente com as respectivas informações (título do vídeo, URL, nome da fonte de dados)
Consulta	Os utilizadores podem introduzir as suas consultas na caixa de pesquisa utilizando linguagem natural. Estas consultas podem conter uma ou mais palavras com espaços. As consultas têm de ser transmitidas aos diferentes motores de pesquisa utilizados e, por conseguinte, têm de ser formatadas de forma compatível com os motores de pesquisa.
Motores de pesquisa (Vídeo)	A principal intenção deste meta motor de busca é satisfazer as necessidades de vídeo dos utilizadores, pesquisando e extraindo os melhores vídeos de vários motores de busca.
Vídeo	Os vídeos são extraídos de vários motores de busca.
Meta dados	O motor de pesquisa de meta rastreia para recolher metadados como URL, título do vídeo, descrição, nome do motor de

	pesquisa, que são necessários para classificar vídeos (páginas).
URL	Os URLs para vídeos relevantes são recolhidos através de rastreio e são armazenados no Index. O rastreador utiliza URLs de semente recolhidos através de pesquisas iniciais.
URLs de semente	Os URLs de semente são as ligações para as páginas dos resultados iniciais produzidos pelos motores de busca para uma determinada consulta. Estes são utilizados para navegar nas páginas de resultados no processo de rastreio.
Fronteira	O Frontier contém URLs de páginas em resultados recolhidos de diferentes motores de busca ligados ao novo motor de meta-pesquisa. O Frontier armazena separadamente os URLs de diferentes motores de busca. Assim, o Frontier funciona como uma multi-fronteira.
Coleção de URL OutLink	Esta coleção armazena os URL de OutLink disponíveis nas páginas ligadas às páginas de resultados. Os URLs na coleção de OutLinks são utilizados para procurar mais OutLinks e para adicionar à coleção. A coleção continua a expandir-se até ao número esperado de Outlinks recolhidos para resultados de classificação.

Quadro 2:1 Dados necessários

2.3 CONCEPÇÃO LÓGICA

Esta é a 3rd fase do processo de desenvolvimento e os requisitos recolhidos na fase de análise são utilizados para desenhar diferentes conjuntos de diagramas (DFD, LDM, Diagramas de Atividade)

2.3.1 . DIAGRAMAS DE FLUXO DE DADOS (DFD):

Foram elaborados dois DFD para identificar e explicar as diferentes entidades e processadores externos envolvidos no motor de meta-pesquisa. O DFD de nível 0 tem um único processo denominado "Pesquisa de vídeos em meta", que será dividido em TRÊS subprocessos, nomeadamente "Modificador de consultas, Rastreador e Classificador e fusão de páginas" no DFD de nível 1.

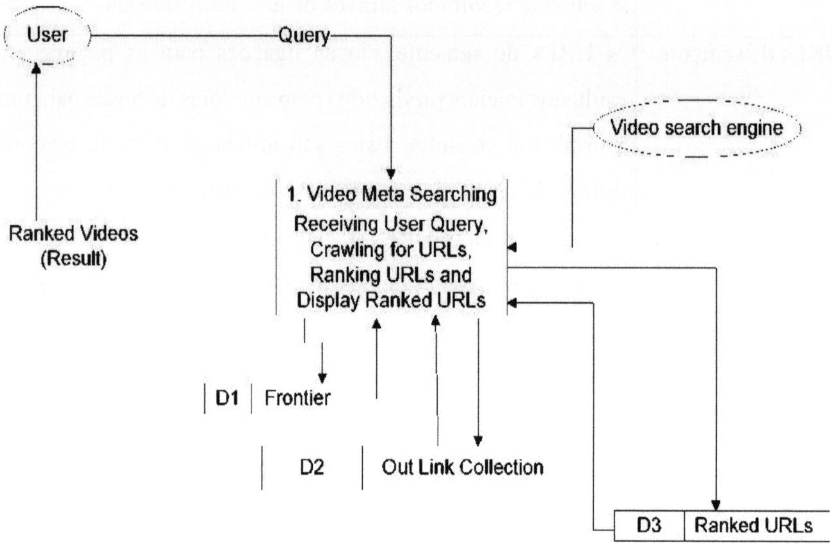

Figura 2:3 DFD Níveis 0

Descrição: Existem duas entidades externas conhecidas como "Utilizador" e "motores de pesquisa de vídeo". O utilizador introduz a consulta na caixa de pesquisa em linguagem natural e procede à pesquisa. É formado um conjunto de consultas para enviar a cada motor de pesquisa ligado. Os resultados produzidos pelos motores são reunidos e analisados para recolher ligações URL para vídeos (resultados). Só são extraídos os 10 melhores resultados, que são armazenados em diferentes fronteiras com base nos diferentes motores de busca. O algoritmo de classificação classifica todas as páginas de resultados utilizando a análise "Out Link" e os resultados classificados de diferentes motores são combinados e apresentados na interface do utilizador.

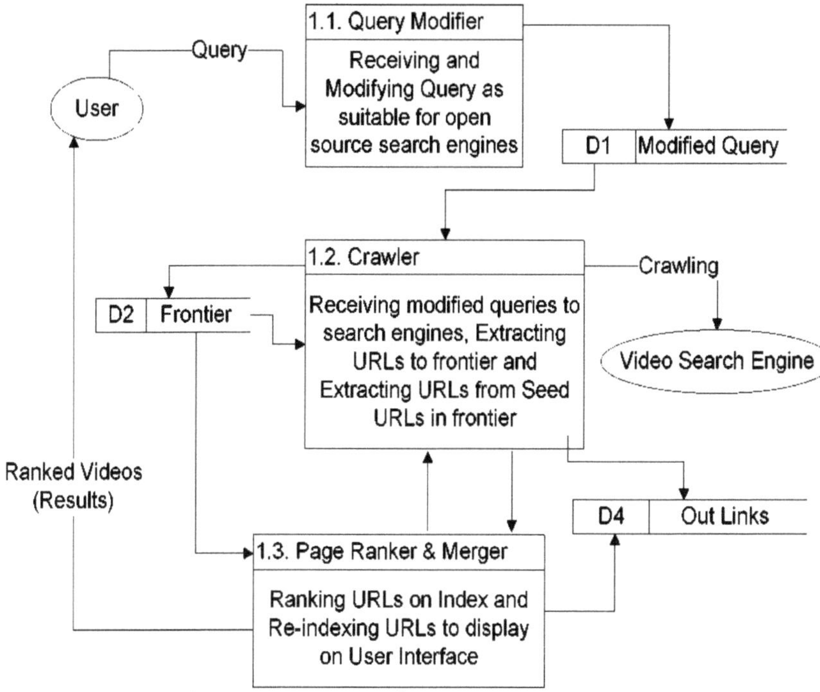

Figura 2:4 DFD Nível 1

Descrição: Foram identificados três processos como Query modifier, Crawler, Page ranker & Merger para o DFD de nível 1. O modificador de consultas recebe a consulta do cliente através da interface do utilizador e, em seguida, modifica-a para formatos adequados aos diferentes motores de pesquisa antes de enviar as consultas. Os diferentes motores de pesquisa seguem diferentes formatos de consulta. Em seguida, o rastreador envia essas consultas modificadas para os motores de pesquisa relevantes e rastreia os resultados. Os URLs de semente ou URLs para cada página de resultados de diferentes motores de pesquisa são armazenados na fronteira. Quando a fronteira é preenchida com URLs de semente, o rastreador rastreia as páginas de resultados utilizando URLs de semente para procurar URLs de vídeo (páginas). Os URLs de vídeo são armazenados no índice. O índice armazena separadamente os URLs de diferentes motores de pesquisa. O processador seguinte é o "Page Ranker & Merger". Utiliza os URLs no índice para classificação. Inicialmente, todas as páginas respectivas dos URLs são rastreadas a partir dos respectivos motores de busca e, em seguida, os "Out

Links" dos URLs existentes são armazenados na coleção "Out Link URL". O algoritmo de classificação classifica todas as páginas de resultados utilizando a análise "Out Link" e os resultados classificados de diferentes motores são combinados e apresentados na interface do utilizador.

2.3.2 MODELO LÓGICO DE DADOS (LDM):

O LDM explica a relação entre as entidades envolvidas no sistema. Isto ajuda a identificar os requisitos em matéria de dados armazenados/base de dados para o motor de metapesquisa.

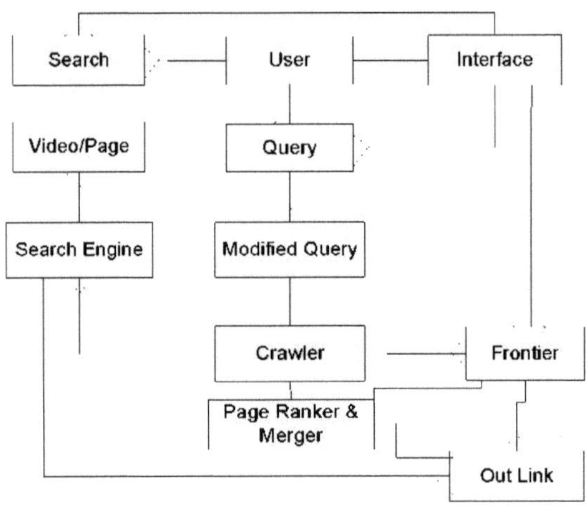

Figura 2:5 Diagrama do modelo lógico de dados

Descrição: Foram identificadas 11 entidades para o LDM. O utilizador é a pessoa que desencadeia a pesquisa introduzindo a consulta. Um utilizador pode efetuar uma ou mais pesquisas utilizando uma ou mais consultas numa única interface. A consulta torna-se um conjunto de consultas modificadas de acordo com o número de motores de pesquisa ligados e utilizados pelos motores de pesquisa relevantes para efetuar pesquisas e recolher resultados. Os motores de pesquisa têm mais do que um vídeo (página) para pesquisar. O rastreador utiliza as consultas modificadas e rastreia os resultados para extrair os URLs dos vídeos resultantes. Os URLs das páginas são armazenados nas fronteiras e, utilizando esses URLs, as páginas relacionadas são analisadas para obter URLs nessas páginas. Os novos URLs obtidos são utilizados para analisar novas páginas e recolher os URLs de ligação externa disponíveis nas mesmas. Todos os URLs de Out Link são armazenados em conjunto em Out Link. O algoritmo de classificação do Rage compara os URLs na fronteira com os URLs no Out Link para classificar as páginas. Os URLs na fronteira podem aparecer 0 ou muitas vezes na coleção de Out Link.

2.3.3 DIAGRAMAS DE ACTIVIDADES: Os diagramas de atividade foram desenhados para explicar a funcionalidade de dois módulos principais do processo: rastreio e classificação de páginas.

2.3.3.1 RASTREIO

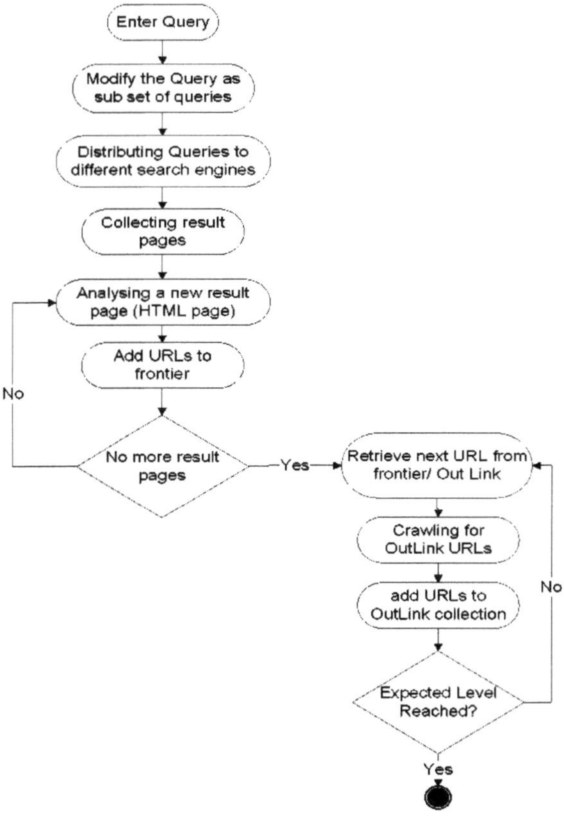

Figura 2:6 Diagrama de Actividades (Crawling)

2.3.3.2. CLASSIFICAÇÃO DAS PÁGINAS

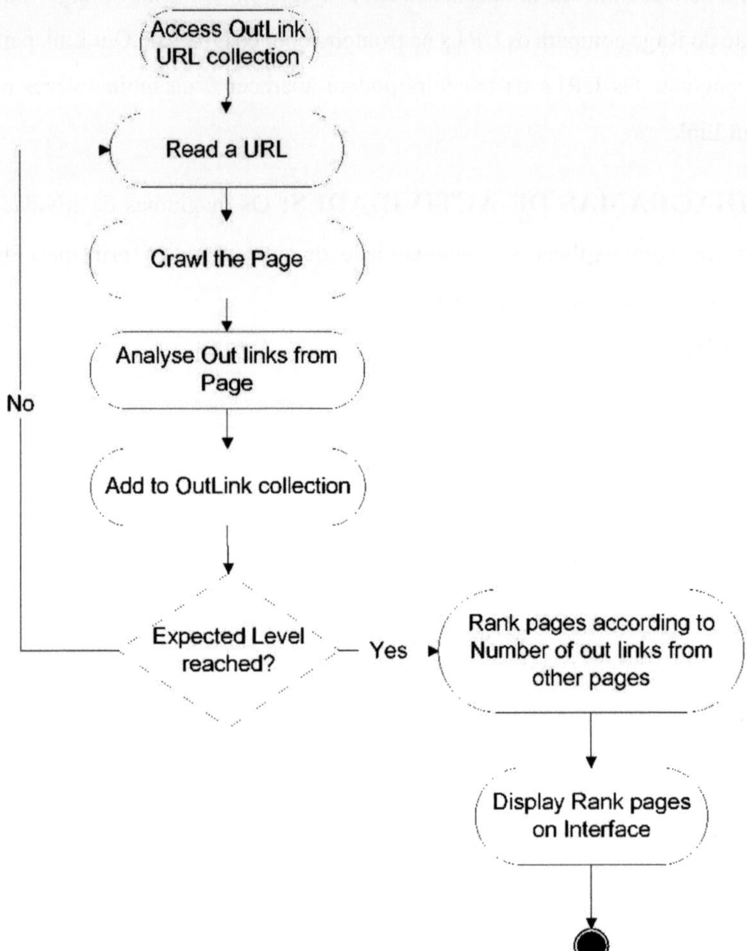

Figura 2:7 Diagrama de actividades (classificação de páginas)

CAPÍTULO 3

METODOLOGIA

3.1 METODOLOGIA DE DESENVOLVIMENTO DE SISTEMAS

Existem modelos de ciclo de vida de desenvolvimento de software (SDLC) que indicam como os produtos de software são desenvolvidos sistematicamente seguindo as etapas do SDLC. Diferentes ciclos de vida suportam diferentes tipos de produtos de software com base na sua natureza [09]. A "Metodologia Estruturada de Análise e Conceção de Sistemas (SSADM)" é um ciclo de vida e uma metodologia de conceção estruturada que adopta o "modelo em cascata" e produz sistemas de informação precisos e documentos bem documentados. De acordo com a SSADM, uma fase deve ser concluída antes de se iniciar a fase seguinte e fornece uma estrutura simples sobre a forma como o processo de desenvolvimento é efectuado. A SSADM fornece orientações claras para a recolha de requisitos e para a conclusão dos projectos de software. [10], [11] O SSADM permite que os programadores regressem às fases anteriores e efectuem as modificações necessárias. Por conseguinte, a SSADM foi selecionada como técnica de modelização para o desenvolvimento do metamotor de pesquisa proposto. A SSADM consiste em etapas como o *estudo de viabilidade, a análise dos requisitos, a especificação dos requisitos, a especificação lógica do sistema e o projeto físico*. O projeto tem recursos limitados, bem como tempo limitado para o concluir. É atribuído um tempo limitado às fases do ciclo de vida do software para produzir resultados.

3.2 . METODOLOGIA DE DESENVOLVIMENTO DO AVQUICK

A arquitetura do novo motor de metabusca AVQUICK contém sete componentes (interface do utilizador, modificador de consultas, rastreador, multi-fronteiras, filtro de URL, recolha de ligações externas, classificador de páginas e fusão). A arquitetura abaixo (Figura 4:) ilustra a forma como a funcionalidade do AVQUICK flui.

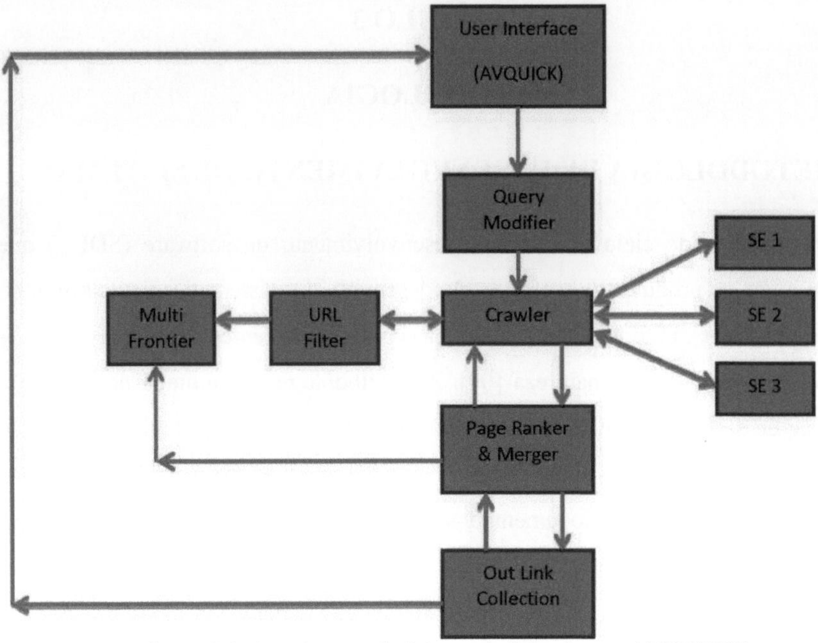

Figura 3:1 Arquitetura do Motor de Metabusca AVQUICK

A interface do utilizador pode ser acedida simplesmente através do endereço Web do motor de metabusca AVQUICK e permite que os utilizadores introduzam as suas consultas em linguagem natural através do teclado. Em seguida, a interface do utilizador passa todas as palavras-chave (consulta) para o componente ***Modificador de consultas***. Diferentes motores de pesquisa exigem consultas diferentes. O modificador de consultas cria a consulta correta para cada motor de pesquisa utilizando as palavras-chave da consulta do utilizador e transmite-as ao componente de rastreio. ***O crawler*** envia as consultas relevantes para os motores adequados para recolher resultados. O crawler recolhe sempre os 10 melhores resultados de cada motor, ignorando os outros resultados. Os dados HTML dos resultados recolhidos são analisados para extrair URLs válidos para vídeos (resultados), omitindo quaisquer URLs sem importância, como anúncios, o que é feito pelo ***URL Filter***. Os URLs válidos (resultados) extraídos são adicionados ao ***Multi- Frontier***. O Frontier armazena separadamente os URLs de diferentes motores de busca. ***Page-Ranker e Merger*** são dois subcomponentes. ***O Page Ranker*** analisa as páginas ligadas às páginas de resultados utilizando ligações URL nas páginas de resultados. Procura páginas nos resultados utilizando os seus URLs para recolher URLs nessas páginas. Da mesma forma, todos os novos URLs (ligações de saída) recolhidos são utilizados para procurar novas páginas e recolher os URLs nelas disponíveis. Este ciclo é seguido repetidamente até se atingir o número esperado de URLs totais. Depois, o "Page Ranker" calcula a frequência das páginas de resultados (URLs) que aparecem na coleção de URLs recolhidos. Os URLs com maior frequência são reconhecidos como "Top ranked pages" (Vídeos). ***A fusão*** combina os resultados classificados de diferentes motores e passa para a interface de utilizador para ser apresentada ao utilizador.

3.3 COMO FUNCIONA O MOTOR DE METAPESQUISA

É importante seguir boas práticas de programação ao escrever o código do programa. Na fase de conceção da interface, todos os controlos foram nomeados utilizando um prefixo padrão e nomes inequívocos (ou seja, txtUserQuery/ btnSearch/etc.). Toda a funcionalidade do sistema foi dividida em pequenos blocos de programa geríveis, utilizando conceitos de orientação a objectos. Foram utilizadas classes/funções/procedimentos definidos pelo utilizador/loops (For loops, While loops) para reduzir a redundância e a complexidade do código do programa. Foi adoptada uma abordagem de desenvolvimento ascendente que permite alterações futuras fáceis ao novo motor de busca.

O AVQUICK consiste em DOIS módulos funcionais principais (Pesquisa/Ranking) para satisfazer os requisitos de vídeo dos utilizadores da Internet. Esta secção ilustra a forma como a pesquisa e a classificação são mapeadas utilizando VB.net.

3.3.1 PROCESSO DE PESQUISA

O AVQUICK pesquisa em vários motores de busca ligados e utiliza vários snippets reutilizáveis (classes/procedimentos/procedimentos definidos pelo utilizador/funções definidas pelo utilizador). O Apêndice 1 ilustra como o AVQUICK efectua pesquisas no YouTube e extrai os resultados passo a passo. A pesquisa noutros motores também é efectuada pela mesma ordem. (Consulte o Apêndice 1)

3.3.2 PROCESSO DE CLASSIFICAÇÃO DE PÁGINAS

Quando um utilizador efectua uma pesquisa, pode classificar os resultados. "O algoritmo de classificação utilizado no AVQUICK utiliza todos os Outlinks de outras páginas para decidir o grau de importância de uma página. As hiperligações de páginas relacionadas e de páginas de páginas relacionadas com um vídeo são consideradas como votações para uma página de vídeo (URL). As páginas com maior votação são apresentadas no topo, como páginas com melhor classificação. Neste projeto de extração de Outlinks de páginas relacionadas, mais páginas relacionadas de páginas relacionadas foram feitas até dois níveis porque mais rondas demoram mais tempo e mais poder de processamento. O gráfico abaixo explica quais as páginas relacionadas que são analisadas para recolher outlinks.

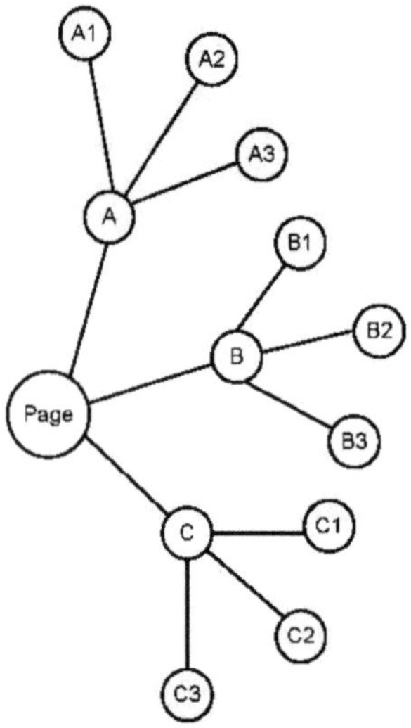

Figura 3:2 Gráfico com páginas ligadas para analisar e recolher ligações

No nível 1 (A,B,C), são recolhidas as ligações de saída das páginas A,B,C e, em seguida, no nível 2 (A1,A2,A3, B1,B2,B3, C1,C2,C3), são extraídas as ligações de saída das páginas relacionadas de A,B,C (A1,A2,A3, B1,B2,B3, C1,C2,C3). Em seguida, é efectuado um cálculo para contar a frequência dos URLs dos vídeos resultantes disponíveis na coleção de URLs (ligações externas). Os vídeos (URLs) com maior frequência são identificados como páginas importantes e apresentados no topo da página como páginas classificadas no topo.

A interface deste motor de meta-pesquisa permite ao utilizador ver o número de resultados mais bem classificados. Se o utilizador selecionar "Top 4", o algoritmo de classificação classifica todos os resultados e apresenta os dois melhores vídeos de cada motor de busca. O utilizador pode selecionar a opção "All" (Todos) para ver os vídeos classificados de cima para baixo com base na importância. Isto mostra todos os vídeos extraídos da pesquisa inicial.

(Ver Apêndice 2)

CAPÍTULO 4

RESULTADOS E DISCUSSÃO

4.1 RESULTADOS

O motor de meta-pesquisa é constituído por dois componentes principais (pesquisa/classificação) e foram formados recolhendo um conjunto de funções, procedimentos e procedimentos definidos pelo utilizador e os testes

Desde a conceção e implementação, a interface AVQUICK foi iniciada digitando uma consulta na caixa de pesquisa (tutorial php). Abaixo está a saída da consulta, nesta saída deve notar que os vídeos do myspace.com foram os primeiros a aparecer, seguidos pelos vídeos do youtube.com como o exemplo mostrado.

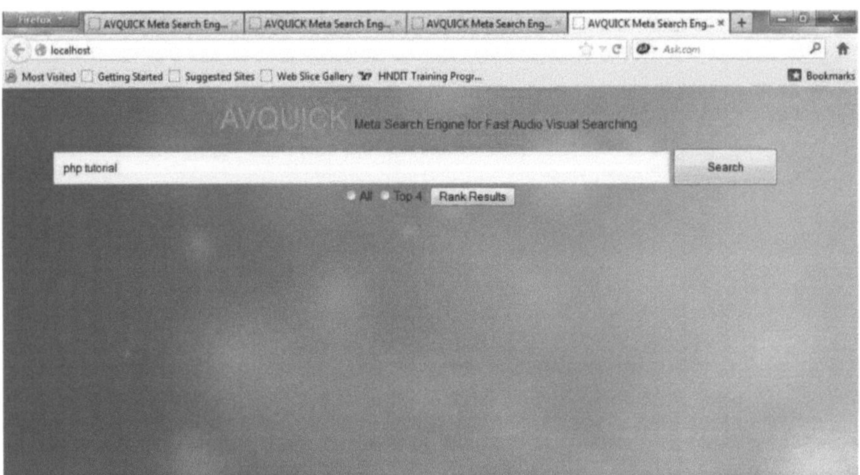

Figura 4:1 Interface com a consulta do utilizador "php tutorial"

Todos os resultados (10 vídeos principais) extraídos dos motores de busca são apresentados no ecrã abaixo.

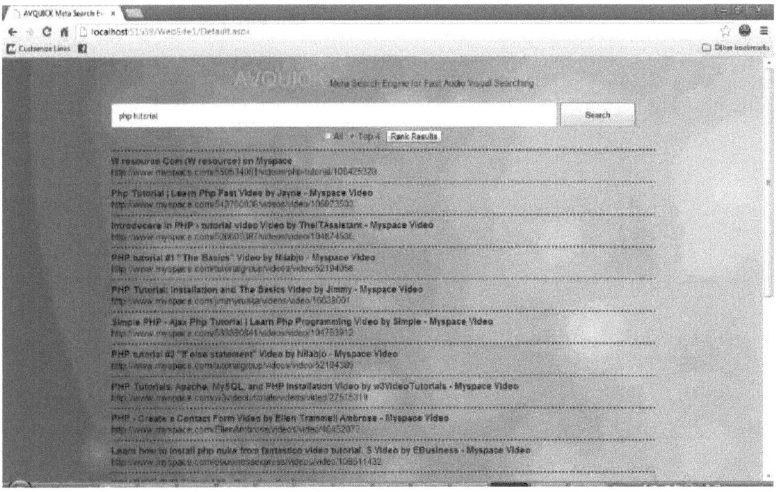

Figura 4:2 Interface com todos os resultados (não classificados)

Antes de classificar as páginas, o utilizador pode selecionar as opções de classificação (4 principais ou Todas) no ecrã.

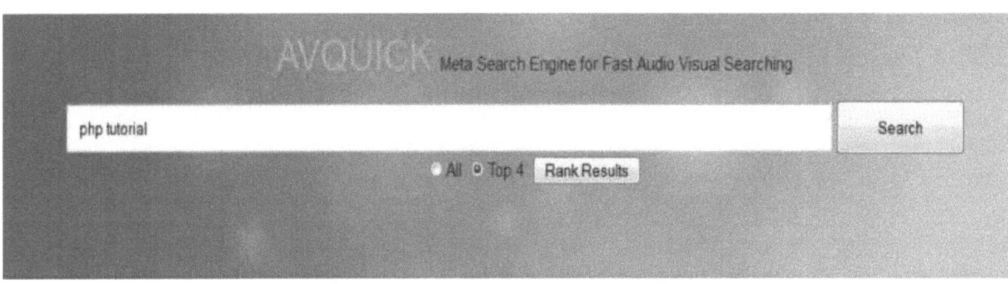

Figura 4:3 Opções para classificar e apresentar resultados

Se o utilizador selecionar a opção "Top 4" e premir o botão "Enter"/"Rank Results", o sistema fornece informações ao utilizador através de uma mensagem. Esta função demora alguns minutos e pede-se ao utilizador que seja paciente até o processamento estar concluído e os resultados serem apresentados.

Figura 4:4 A mensagem dá informações ao utilizador

Depois de terminada a classificação, os 4 melhores resultados são apresentados na interface, como indicado abaixo.

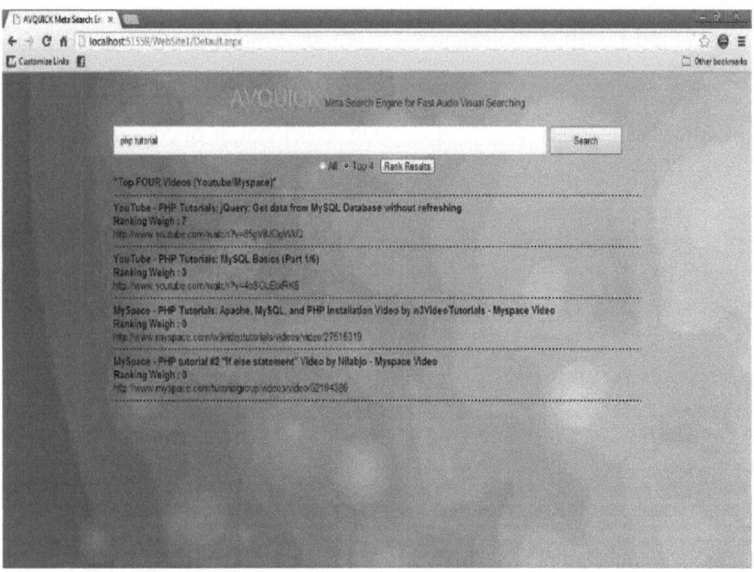

Figura 4:5 Interface com os 4 vídeos mais bem classificados

Quando o utilizador seleciona a opção "All" (Todos) e prossegue com a classificação, todos os resultados classificados são apresentados na Interface, tal como indicado abaixo.

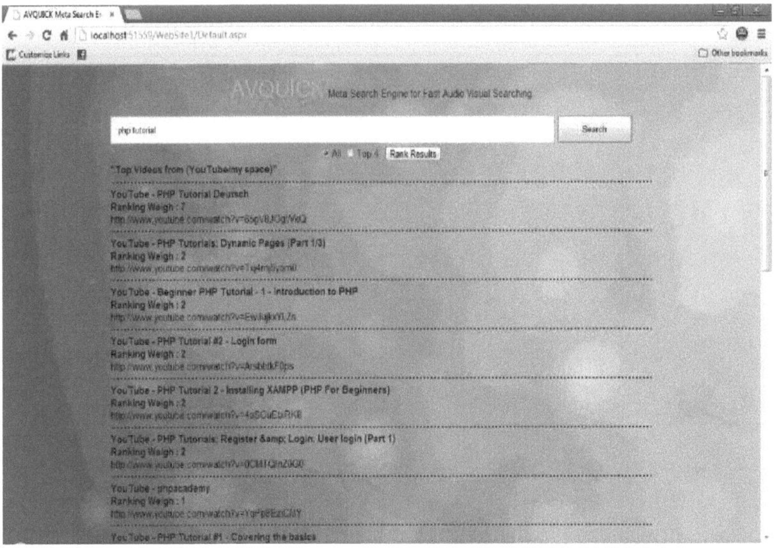

Figura 4:6 Interface com todas as páginas classificadas

4.2 COMPARAÇÃO DE RESULTADOS

Esta secção avalia o motor de metabusca através da verificação cruzada dos "Objectivos e Metas" declarados no início do projeto. Um dos principais objectivos do motor de metabusca desenvolvido é pesquisar em vários motores de busca de vídeo para recolher os 10 melhores vídeos e apresentá-los na interface. Devido ao tempo limitado atribuído para completar o projeto, dois motores de pesquisa de vídeo populares www.youtube.com e www.myspace.com foram ligados ao AVQUICK para pesquisar vídeos. Abaixo é demonstrado como o AVQUICK pesquisa em vários motores e apresenta os resultados corretos.

Nota: certifique-se de que o computador está ligado à Internet e que o VB.net está instalado.

Consulta utilizada = "Parrot" (papagaio)

Em tempo de execução, a consulta "Parrot" (papagaio) é introduzida na caixa de texto como abaixo e a pesquisa prossegue clicando em "search" (pesquisar) ou premindo enter.

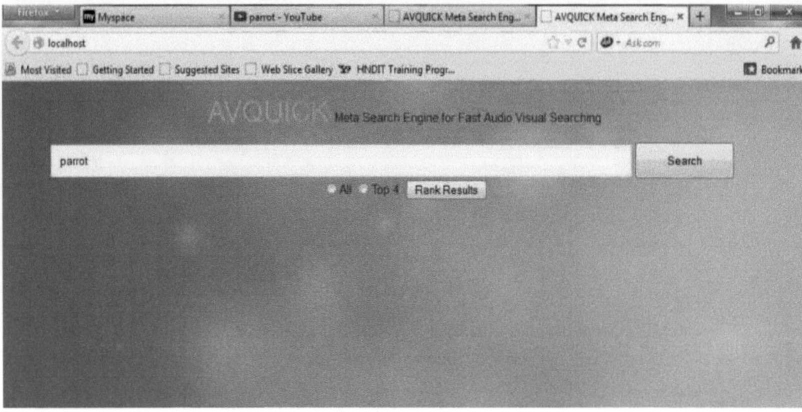

Figura 4:7 Consulta do utilizador "papagaio" na interface do utilizador

Em seguida, a AVQUICK faz uma pesquisa nos motores de busca para recolher os 10 melhores vídeos e colocá-los no ecrã como conjuntos, um após o outro.

Na parte superior da interface, abaixo, podem ser vistos os 10 principais vídeos extraídos de www.myspace.com, enquanto a parte inferior apresenta os 10 principais vídeos extraídos de www.youtube.com.

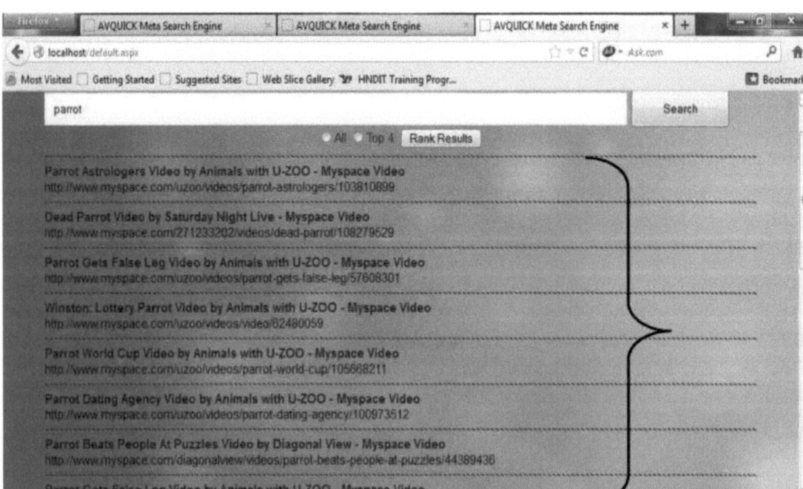

Figura 4:8 Todos os resultados (não classificados) do Myspace

Os resultados fornecidos para a mesma consulta pelo myspace.com são os seguintes

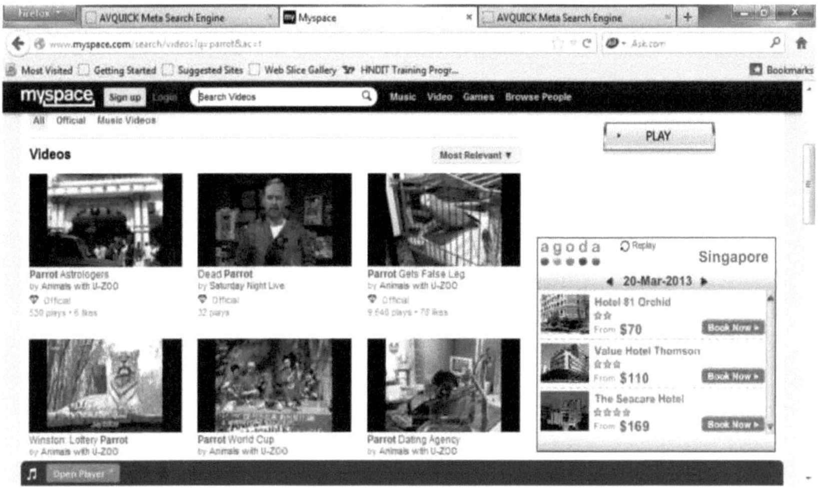

Figura 4:9 Os 10 principais resultados foram recolhidos em www.myspacee.com.

Os mesmos resultados acima são apresentados no AVQUICK pela mesma ordem que se segue.

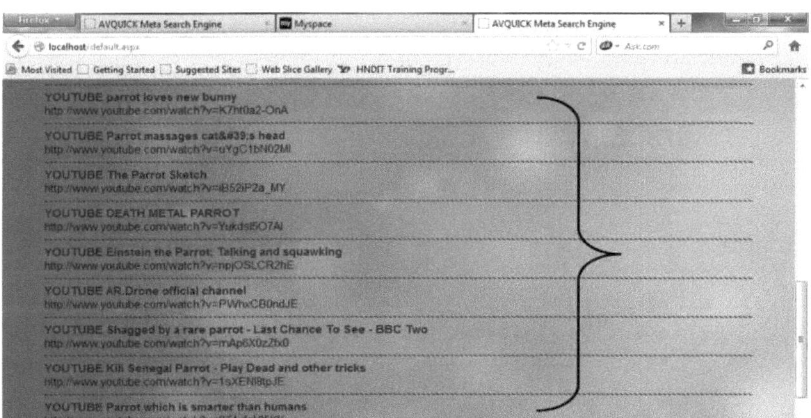

Figura 4:10 Principais resultados recolhidos em www.youtube.com

Os resultados fornecidos por www.youtube.com para a mesma consulta utilizada acima são os seguintes

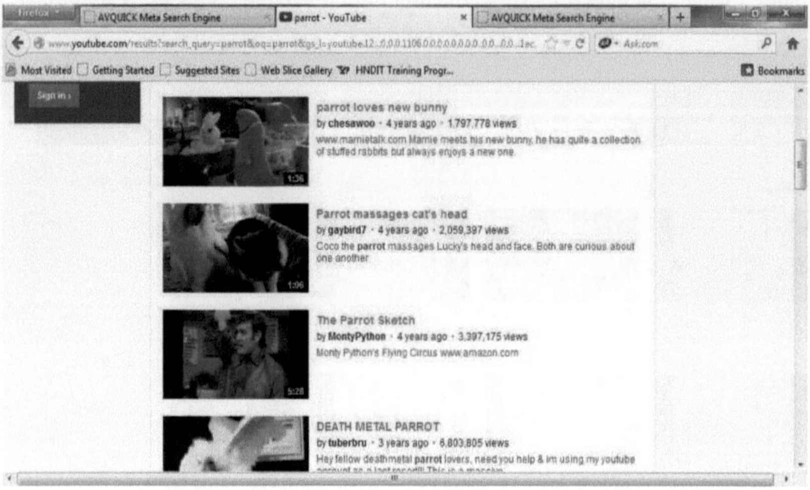

Figura 4:11 Os 10 principais resultados em www.youtube.com

A tabela seguinte (tabela 4:1) compara os resultados extraídos por diferentes motores de busca e com os resultados do AVQUICK para verificar se os resultados esperados são extraídos da forma esperada.

Resultados (www.myspace.com)	**Resultados (AVQUICK)**
Astrólogos papagaio	Vídeo dos astrólogos papagaios por Animais com U-ZOO - Vídeo do Myspace
Papagaio morto	Vídeo do papagaio morto do Saturday Night Live - Vídeo do
Papagaio ganha perna falsa	Papagaio ganha perna falsa Vídeo de Animals with U-ZOO - Myspace Video
Winston: Papagaio da lotaria	Winston: Vídeo do papagaio da lotaria por Animals with U-ZOO - Vídeo do Myspace

Taça do Mundo de Papagaios	Vídeo do Campeonato do Mundo de Papagaios por Animals with U-ZOO - Vídeo do Myspace
Agência de encontros para papagaios	Vídeo da Agência de Encontros de Papagaios por Animais com U-ZOO - Vídeo do Myspace
Papagaio vence pessoas em puzzles	Papagaio vence pessoas em puzzles Vídeo por Diagonal View - Myspace Video
Papagaio ganha perna falsa	Papagaio ganha perna falsa Vídeo de Animals with U-ZOO - Myspace Video
Batalha pela custódia do papagaio	Vídeo da batalha pela custódia dos papagaios por Animals with U-ZOO - Myspace Video
O esboço do papagaio	O vídeo do esboço do papagaio do Saturday Night Live - Myspace Video
Resultados (www.youtube.com)	**Resultados (AVQUICK)**
o papagaio adora o novo coelhinho	YOUTUBE papagaio adora o novo coelhinho
Papagaio massaja a cabeça do gato	YOUTUBE Papagaio massaja a cabeça do gato
O esboço do papagaio	YOUTUBE O esboço do papagaio
PAPAGAIO DE DEATH METAL	YOUTUBE DEATH METAL PARROT
Einstein, o papagaio: Falar e grasnar	YOUTUBE Einstein, o papagaio: Falar e grasnar

Canal oficial do AR.Drone	YOUTUBE Canal oficial do AR.Drone
Apanhado por um papagaio raro - Último Chance To See - BBC Two	YOUTUBE Apanhado por um papagaio raro - Última oportunidade para ver - BBC Two
Papagaio do Senegal Kili - Brincar aos mortos e outros truques	YOUTUBE Papagaio do Senegal Kili - Fingir-se de morto e outros
Papagaio mais inteligente do que o ser humano	YOUTUBE Papagaio que é mais inteligente do que os humanos
Tipos de papagaios; qual é o melhor para si?	YOUTUBE Tipos de papagaios; qual é o melhor para si?

Quadro 4:1: comparação dos resultados com os resultados dos motores de busca

Nota: A tabela acima indica claramente que o AVQUICK extrai os 10 melhores resultados de todos os motores de busca ligados para produzir resultados iniciais no Interface.

4.3 DISCUSSÃO

O quadro 4.1 mostra como o motor de pesquisa Meta atingiu os seus objectivos Um dos principais objectivos do motor de pesquisa Meta desenvolvido é pesquisar em vários motores de pesquisa de vídeo para recolher os 10 melhores vídeos e apresentá-los na interface. Na tabela 4.1 1st 10 registos mostra que os resultados obtidos no AVQUICK são semelhantes aos resultados do myspace.com. A figura 4.8 e a figura 4.9 também mostram as semelhanças entre o Myspace e o AVQUICK. Na tabela 4.1, os 10 registos seguintes mostram a semelhança entre a AVQUICK e o Youtube. As figuras 4.10 e 4.11 também mostram as semelhanças entre o Youtuube e a AVQUICK. A figura 4.5 mostra os resultados da classificação do top4. E a figura 4.6 mostra o peso da classificação para todos os resultados.

4.3.1 VANTAGENS DO AVQUICK

- Os utilizadores podem obter resultados de vários motores de pesquisa sem terem de visitar cada um deles. Isto dá aos utilizadores um âmbito de pesquisa mais alargado, uma vez que o índice de cada motor de pesquisa é diferente do de cada outro.
- A obtenção de resultados de muitos motores primários diferentes oferece oportunidades para explorar a melhor forma de combinar as listas de resultados separadas.
- Os utilizadores podem classificar separadamente os resultados de diferentes motores de busca.
- A eliminação de resultados duplicados também poupa tempo
- Ligação à base de dados não utilizada e o seu baixo custo

4.3.2 DESVANTAGENS DO AVQUICK

- Isto só pode obter os 10 melhores resultados por cada motor principal.
- Demora mais tempo a recolher resultados de cada motor de busca e a fazer a classificação.
- Isto deve acompanhar as mudanças nos motores de origem.

4.4 INVESTIGAÇÃO SUPLEMENTAR E DESENVOLVIMENTO

O atual motor de meta-pesquisa utiliza a "extração de conteúdos da Web", que considera a análise de dados HTML em páginas Web para extrair URL e outras informações com a recuperação de informações. O projeto utiliza técnicas de análise "Out Link" para reunir URL disponíveis em páginas relacionadas para encontrar peso/voto para as páginas de resultados. O algoritmo atual aplica duas rondas porque mais rondas necessitam de mais capacidade de processamento para analisar e extrair consultas de "out link" de páginas relacionadas. No futuro, serão efectuados mais trabalhos de investigação para encontrar uma forma de aumentar a análise "Out link" e um novo algoritmo para melhorar a eficiência da classificação.

www.youtube.com e www.myspace.com foram atualmente associados ao AVQUICK como motores de pesquisa para extrair vídeos e os trabalhos futuros centram-se na adição de mais motores de pesquisa e na possibilidade de os utilizadores personalizarem a seleção de vários motores na interface do utilizador.

No futuro, espera-se que um componente de recomendação de vídeo seja acrescentado ao AVQUICK existente, pelo que serão introduzidas contas de utilizador e serão armazenados os registos de registo dos utilizadores. O atual motor de metapesquisa centra-se principalmente na satisfação das necessidades de metapesquisa de vídeo dos utilizadores. Mas, no futuro, espera-se que o atual motor de metabusca seja alargado a diferentes áreas, como a pesquisa de texto, a pesquisa de MP3, etc.

CONCLUSÃO

O AVQUICK é um motor de meta-pesquisa baseado num servidor que pesquisa uma série de motores de pesquisa para recolher vídeos, a fim de proporcionar uma maior satisfação dos utilizadores da Internet com o seu algoritmo de classificação. Na fase inicial, o AVQUICK aceita a consulta do utilizador e são criadas várias consultas utilizando a consulta do utilizador, que são depois enviadas para diferentes motores de busca para recolher os 10 melhores vídeos de cada motor. Os resultados iniciais obtidos são apresentados na interface.

O utilizador pode classificar os resultados selecionando as opções de classificação na interface (ver todos os resultados classificados/ver os 4 melhores resultados) e clicando no botão "pesquisar" ou premindo enter.

"O algoritmo de classificação utilizado no AVQUICK utiliza todos os Outlinks de outras páginas para decidir o grau de importância de uma página. Os Outlinks de páginas relacionadas e páginas de páginas relacionadas para um vídeo são considerados como votações para uma página de vídeo (URL). As páginas com maior votação são apresentadas no topo, como páginas com melhor classificação. Neste projeto, a extração de Outlinks de páginas relacionadas, mais páginas relacionadas de páginas relacionadas é feita até dois níveis porque mais rondas demoram mais tempo e mais poder de processamento. O gráfico abaixo explica quais as páginas relacionadas que são analisadas para recolher os outlinks.

Este processo pode ser seguido repetidamente para recolher mais "Out Links" para análise, o que consome mais tempo e poder de processamento. Este projeto tem um tempo e recursos limitados (largura de banda da Internet/velocidade de processamento limitada), pelo que as rondas (ciclos) para recolher URLs de ligações externas foram limitadas a 2 ciclos.

Uma vez recolhida a quantidade esperada de URLs de ligações externas, é aplicada a metodologia de cálculo para contar a frequência dos URLs de vídeos de resultados disponíveis na coleção de URLs de ligações externas. Os resultados com maior frequência são identificados como páginas importantes e são apresentados no topo da interface como páginas classificadas. Os resultados classificados na interface são apresentados em dois layouts diferentes, permitindo ao utilizador selecionar a sua escolha. O utilizador pode selecionar a opção "Top 4" para ver apenas as 4 primeiras páginas classificadas de todos os motores de busca e pode selecionar a opção "All" para ver os vídeos classificados de cima para baixo com base na importância. Isto mostra todos os vídeos extraídos da pesquisa inicial.

REFERÊNCIAS

1. http://homepage.cs.uiowa.edu/~asignori/papers/building-an-open-source-meta-search-engine/building-meta-search-engine.pdf (03rd março 2012)

2. http://www.csie.ntu.edu.tw/~b6506051/helios/final_report.pdf (5th março 2012)

3. http://academic.research.microsoft.com/Paper/1242482.aspx (03 de março de 2012)

4. http: //websearch.about.com/od/metasearchengines/a/mamma.htm.(6 de março de 2012)

5. http://blog.searchenginewatch.com/080424-084455; data de acesso: março de 2012

6. http://ezi#nearticles.com/?Web-Development-Process-Development-Life-Cycle&id=344293 (5th abril de 2012)

7. http://unpan1.un.org/intradoc/groups/public/documents/arado/unpan024806.pdf (5 de abril de 2012)

8. http://www.isoc.org/inet98/proceedings/1c/1c_2.htm (7 de abril de 2012)

9. http://www.stsc.hill.af.mil/crosstalk/1995/01/Comparis.asp; (3rd abril de 2012)

10. http://209.85.229.132/search?q=cache:- 3A7c88igZYJ :www.comp.glam.ac.uk /pag es/staff/tdhutchings/chapter4/CHAPTER4.PPT+ssadm+stages&cd=3&hl=en&ct=clnk&gl=uk; (3rd April 2012)

11. http://www.google.co.uk/imgres?imgurl=http://www.sqa.org.uk/e-learning/SDM01CD/images/pic001.jpg&imgrefurl=http://www.sqa.org.uk/e-learning/SDM01CD/page_02.htm&h=483&w=376&sz=17&tbnid=rEk7XrausCaQnM:&tbnh=129&tbnw=100&prev=/images%3Fq%3Dssadm%2Blife%2Bcycle

%2Bdiagram&usg=__NQRlUCXAab0u6JWpD8-AuYxsayU=&ei=hjh0Su_YBY-sjAfNuuSnBg&sa=X&oi=image_result&resnum=2&ct=image; (3rd abril 2012)

12. Acordo de Especialistas e Reranking Baseado em Conteúdo em um Ambiente de Meta Busca usando Mearf; Autores: B. Uygar Oztekin, George Karypis, Vipin Kumar; Publisher: ACM; Data: maio de 2002;

APÊNDICE 1

PROCESSO DE PESQUISA

STEP1-

O utilizador pode introduzir a sua consulta com uma ou mais palavras-chave e premir a tecla "enter" e o botão "search" para iniciar a pesquisa. Por exemplo, na interface abaixo, o utilizador introduziu "elefante" como consulta.

Figura A1:1 Interface de tempo de execução

Quando o utilizador clica no botão de pesquisa ou carrega no enter, a consulta é passada da caixa de texto para a variável do tipo string, como se segue.

VDQuery = txtSearchBox.Text

A consulta do utilizador é utilizada para criar consultas corretas para aceder aos motores de pesquisa e efetuar pesquisas. De seguida, demonstra-se como são formadas as consultas para diferentes motores de pesquisa. As consultas para os motores de pesquisa têm uma parte constante e uma parte variável. A parte variável é formada utilizando a consulta (palavras-chave), enquanto a(s) parte(s) constante(s) é(são) adicionada(s) para obter o URL completo (consulta).

Criar consulta para o Youtube

No youtube, os espaços em branco entre as palavras-chave são substituídos por "+". Para alcançar este desafio, é utilizada a "função Replace" (Expressões Regulares) em VB.net.

Por exemplo:

URLyoutube=
"http://www.youtube.com/results?search_query="
&
Replace(VDQueryYoutube, " ", "+") & "&search_type=&aq=f"

Criar uma consulta para o Myspace

Os espaços em branco entre as palavras-chave da consulta são substituídos por "20%"

Por exemplo:

URLmyspace=
"http://www.myspace.com/search/videos?q="
&
Replace(VDQueryMyspace, " ", "%20") & "&sl=t"

STEP2-

Em seguida, a pesquisa seguinte é efectuada utilizando a consulta. A classe "Webrequest" pesquisa no motor de busca e extrai os resultados (página de resultados). A página de resultados é transferida para dados HTML e a fonte HTML é passada para uma variável String (tempdoc=y)) para análise posterior.

```
Dim y As String
WebReq = WebRequest.Create(Qry)
WebRes = WebReq.GetResponse
Strm = WebRes.GetResponseStream
StrmReader = New StreamReader(Strm)
y = StrmReader.ReadToEnd
Return y
```

PASSO3-

Em seguida, os dados HTML extraídos das páginas de resultados são analisados para recolher os URL das páginas de vídeo. A pesquisa de URLs começa no primeiro carácter dos dados HTML e termina no último carácter. Existem URLs importantes e não importantes, como anúncios, URLs redundantes, etc., e a pesquisa deve extrair apenas os URLs importantes dos dados HTML.

```
IStart = 1

IEnd = 0

URLyoutube = ""

While ((IStart > 0) And (countyoutube < 10))

Starting point for URL is mentioned as bellow.

        IStart = InStr(1, tempdocYoutube, """ href=""/watch")

    tempdocYoutube = Right(tempdocYoutube, Len(tempdocYoutube) - IStart -
7)

    If IStart = 0 Then
```

Antes de iniciar a pesquisa de URLs, é necessário efetuar algumas iniciações. As frases únicas (caracteres) antes do URL e depois do URL têm de ser mencionadas.

As posições "Starting" e "Ending" são diferentes de motor para motor, como se pode ver abaixo. A palavra inicial e a palavra final são utilizadas para localizar o local onde o URL existe e para cortar o URL a partir da posição inicial e da posição final. Se o URL precisar de alguns caracteres da palavra inicial, o "Excess Length" é utilizado para alternar o texto para cortar o URL a partir do ponto de partida correto.

Os dados HTML podem conter mais do que um URL. Assim, os URLs relevantes são extraídos e algumas variáveis têm de ser iniciadas como se segue antes de iniciar o ciclo while.

```
            Exit While

        Else
```

End of URL is given as bellow.

```
                IEnd = InStr(1, tempdocYoutube, """")

        If IEnd > 0 Then
```

Uma vez encontrado o início do URL, os dados HTML têm de ser cortados e a parte do lado direito tem de ser atribuída como dados HTML para prosseguir. Isto é feito através da função Left (Left chop) em VB.net.

```
            URLyoutube = Left(tempdocYoutube, IEnd - 1)

    If lstURLYoutube.Count = 0 Then
```

O URL extraído pode conter caracteres desnecessários pré-reconhecidos e estes têm de ser removidos. A função "Replace" (Substituir) abaixo substitui todos os caracteres indesejados (&feature=browch) por espaço em branco(""). Aqui a remoção é necessária duas vezes porque os URLs podem conter duas palavras indesejadas diferentes.

```
  URLyoutube = Replace(URLyoutube, "&feature=browch", "")

  URLyoutube = Replace(URLyoutube, "&amp;feature=fvst", "")
```

Sempre que um URL é recolhido, é atribuído a uma variável String (pageID), que será adicionada a uma lista de URLs (List)

```
    pageID = URLyoutube
```

Quando um URL é extraído, os restantes dados HTML têm de ser pesquisados para recolher os restantes URL. Assim, os dados HTML (tempdocYoutube) são substituídos pelos dados HTML a partir do fim do URL até ao fim do HTML. Isto é feito pela linha abaixo. A função da direita corta os dados HTML e atribui o lado direito do HTML à variável (tempdocYoutube).

```
tempdocYoutube = Right(tempdocYoutube, Len(tempdocYoutube) - IEnd)
```

Como mencionado acima, a pesquisa é efectuada para extrair o "Title" (título) do vídeo extraído acima. O início do título do vídeo pode ser reconhecido como """" enquanto o final é "<img title="""". Como acima, o VB.net utiliza as funções Left e Right para cortar os dados HTML.

```
IStart = InStr(1, tempdocYoutube, "title=""")

tempdocYoutube = Right(tempdocYoutube, Len(tempdocYoutube) - IStart - 10)

        If IStart = 0 Then

          Exit While

        Else

          'mentioning the End of URL to chop

          IEnd = InStr(1, tempdocYoutube, """")

          If IEnd > 0 Then

            'Left chop

            URLyoutube = Left(tempdocYoutube, IEnd - 1)

            tempdocYoutube = Right(tempdocYoutube, Len(tempdocYoutube) -
IEnd)
```

Tal como identificado durante as pesquisas e estudos efectuados sobre os motores de busca plugados, o mesmo URL aparece duas vezes na página de resultados do Youtube. Assim, para evitar adicionar
o mesmo URL duas vezes, o URL extraído anteriormente e o URL extraído atualmente são comparados entre si. "PageID" é o novo URL, enquanto "lastURL"

contém o URL extraído anteriormente.

```
If lastURL <> pageID Then

youtubePageTitle = URLyoutube
```

Uma vez extraídos o URL e o título de um vídeo, estes são adicionados a uma lista de objectos denominada "lstURLYoutube". Os objectos chamados "pgcontent" com as propriedades "URL" e "Title" são criados utilizando a "classe Pagecontent" que já foi construída.

```
Dim pgcontent As New pagecontent
```

O URL extraído tem de ser transformado num URL completo antes de ser adicionado ao objeto e as partes em falta (http://www.youtube.com") são adicionadas como se segue.

```
pgcontent.URL = "http://www.youtube.com" & lastURL

pgcontent.Title = youtubePageTitle

lstURLYoutube.Add(pgcontent)

countyoutube = countyoutube + 1
```

quando um novo objeto foi criado e adicionado à lista "lstURLYoutube", o URL atual é atribuído a "lastURL". Assim, o novo URL é comparado com o novo "lastURL" antes de o adicionar.

```
lastURL = pageID

Else

End If

End If

End While
```

O ciclo "While" procura repetidamente dados HTML em "tempdocYoutube" para URLs até chegar ao fim.

Foram adicionados objectos a "lstURLYoutube" durante a execução do botão de pesquisa. Os dados da "Lista" devem ser utilizados no botão "Classificar resultados", que é posteriormente executado pelo utilizador. Os dados armazenados acima são voláteis e são apagados da memória quando o utilizador clica no botão "Resultados da classificação". Assim, a "lista lstURLYoutube" é armazenada numa variável de sessão chamada "youtube", como se pode ver abaixo.

```
Session("youtube") = lstURLYoutube
```

STEP4-

Em seguida, os resultados extraídos dos motores de busca (os 10 melhores vídeos de cada um) são apresentados ao utilizador como resultado da pesquisa.

É utilizado um "ciclo for" que extrai todos os objectos e respectivas propriedades da lista "lstURLYoutube". O ciclo for é executado repetidamente de 0 até ao número de objectos -1. De cada vez que o objeto é acedido, o título do vídeo e o URL são adicionados a um controlo de espaço reservado. O marcador de posição apresenta todos os campos adicionados em conjunto no ecrã.

```
For Me.f = 0 To lstURLYoutube.Count - 1

        lStart = 1

        lEnd = 0

        URLmyspace = ""

        plhResult.Controls.Add(getLiteral("<hr>"))

        plhResult.Controls.Add(getLiteral("YOUTUBE                    "          &
lstURLYoutube(Me.f).Title))

        plhResult.Controls.Add(getLiteral("<br>"))

        plhResult.Controls.Add(gethyperlink(lstURLYoutube(Me.f).URL))



  plhResult.Controls.Add(getLiteral("<br>"))

Next

plhResult.Controls.Add(getLiteral("<hr>"))
```

NOTA: O snippet acima ilustrou a forma de pesquisar no youtube.com para recolher e apresentar resultados de URL. O AVQUICK efectua pesquisas noutros motores de busca da mesma forma, exceto com ligeiras modificações no código.

STEP5-

Os 10 melhores resultados extraídos de motores de busca ligados e apresentados ao utilizador.

Abaixo mostra-se um exemplo de resultado extraído para uma determinada consulta do utilizador (elefante).

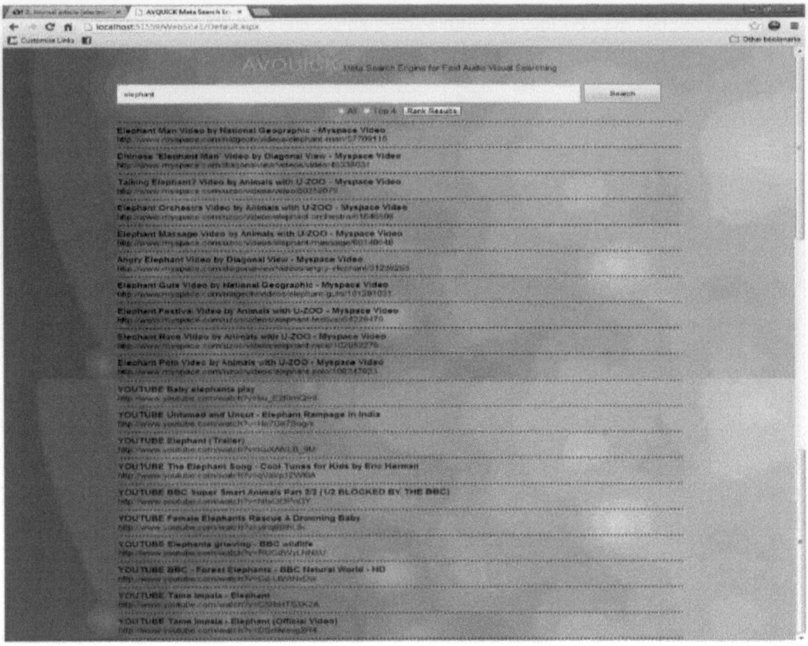

Figura A1:2 Interface com resultados iniciais

APÊNDICE 2

PROCESSO DE CLASSIFICAÇÃO

COMO É FEITA A CLASSIFICAÇÃO EM VB.NET

Este projeto classifica os resultados de diferentes motores de busca separadamente, mas usando a mesma coleção de URLs de saída. Abaixo ilustra como isso é feito em VB.net.

NOTA: O código abaixo demonstra como os resultados do "Myspace.com" são classificados e exibidos. O mesmo código é usado para classificar resultados de outros motores também.

STEP1-

O utilizador pode selecionar a opção de classificação (All/ Top 4) e clicar em "Rank Results" ou premir enter. Em seguida, o AVQUICK inicia a classificação dos resultados, o que demora aproximadamente 3 a 4 minutos e esta informação é fornecida ao utilizador através da caixa de mensagem abaixo. O utilizador saberá então que tem de esperar até que o processamento termine.

```
MsgBox("Isto demora alguns minutos", MsgBoxStyle.Information, "Time Taken")
```

Para além da caixa de mensagem, o controlo de etiquetas também apresenta uma mensagem como a que se segue.

```
lblRankDesc.Text = "A classificação demora alguns minutos..."
```

Em seguida, os procedimentos definidos pelo utilizador (rankMyspace/ rankYoutube) são chamados para prosseguir a classificação.

```
Call rankMyspace()

Call rankYoutube()
```

A partir desta etapa, explica-se como funciona o procedimento "rankMyspace".

STEP2-

O loop for é utilizado para obter URLs de resultados armazenados na variável de sessão "session ("myspace") durante o processo de pesquisa.

```
' Extração de todas as ligações URL nas páginas relacionadas do vídeo (Nível 1/Ronda 1)

For Me.f = 0 To Session("myspace").Count - 1
```

Cada URL recuperado é passado para uma função (ExtractHTML) que extrai todos os dados HTML da página relacionada com o URL fornecido. A fonte HTML devolvida pela função é armazenada na variável de cadeia de caracteres "tempdocMyspace".

```
tempdocMyspace = ExtractHTML((Session("myspace")(Me.f)).url)
```

o procedimento definido pelo utilizador "SearchMyspacePage" é chamado para procurar URLs na fonte HTML extraída acima. São analisados quatro parâmetros: tempdocMyspace, ponto de partida do URL (id=""muvVideoPlay-), fim do URL (") e comprimento excessivo (16).

```
Call SearchMyspacePage(tempdocMyspace, "id=""muvVideoPlay-", """", 16)
```

O procedimento definido pelo utilizador acima procura URLs na fonte de dados HTML (tempdocMyspace) do início ao fim. Qualquer URL encontrado é adicionado a lstTempURLmyspace com a parte constante como abaixo. Os URLs extraídos durante o ciclo while são reconhecidos como TextValue.

```
lstTempURLmyspace.Add("http://vids.myspace.com/index.cfm?fuseaction=vids.individual&videoid=" & TextValue)

Next
```

Uma vez terminada a ronda de 1st (Nível 1) de recolha de outlinks, todos os URLs de outlinks reunidos em "lstTempURLmyspace" são adicionados a lstURLbaseMyspace. lstURLbaseMYSPACE.AddRange(lstTempURLmyspace)

PASSO3-

Começa a ronda seguinte de 2nd (Nível 2) de recolha de URLs de links externos. A ronda 2nd segue os mesmos passos e, desta vez, precisa de mais tempo porque a última coleção de URLs de ligação externa é maior do que a mais antiga.

Os mesmos passos seguidos no for loop acima são aplicados a esta secção para recolher e armazenar todos os URLs nas páginas recolhidas acima.

```
' Extração de todas as ligações URL em páginas relacionadas de páginas extraídas (Nível 2/Ronda 2)
For Me.f = 0 To Session("myspace").Count - 1
tempdocMyspace = ExtractHTML(lstURLbaseMYSPACE(Me.f)
Call SearchMyspacePage(tempdocMyspace, "id=""muvVideoPlay-", """", 16)
Next
lstURLbaseMYSPACE.AddRange(lstTempURLmyspace)
```

Nota: "lstURLbaseMySPACE" (Lista) contém todos os URLs de todas as páginas que foram analisadas durante a Ronda 1 e a Ronda 1. O passo seguinte diz respeito à forma como o "peso" das páginas é calculado pelo algoritmo de classificação.

STEP4-

"myspace" é uma variável de sessão e contém URLs de resultados como objectos com propriedades (URL, Título) armazenadas. O algoritmo de classificação precisa de comparar cada URL de resultado com todos os URLs na coleção "Out link" para obter o peso da votação ou da classificação.

Os primeiros objectos na variável de sessão "session("myspace")" são analisados para a lista em branco "myspaceURL" (lista de objectos) para facilitar a funcionalidade, como se segue. myspaceURL.AddRange(Session("myspace"))

1st O ciclo for recupera os objectos em "myspaceURL" um a um e as suas propriedades são atribuídas a variáveis para efeitos de comparação no ciclo for seguinte.

```
For Me.f = 0 To myspaceURL.Count - 1

 tot = 0

 y = myspaceURL(Me.f).URL

 w = myspaceURL(Me.f).Title
```

2nd O ciclo for recupera os URL na coleção URL Out Link ("lstURLbaseMYSPACE") um a um e compara-os com os URL dos objectos recuperados no ciclo for acima para encontrar quaisquer votos/pesos de classificação. Se for encontrada alguma semelhança (se z = y), então o valor "tot" para o URL de um determinado resultado é aumentado de um (tot = tot + 1).

```
For Me.j = 0 To lstURLbaseMYSPACE.Count - 1

  z = lstURLbaseMYSPACE(Me.j)

  If z = y Then

     tot = tot + 1

  End If

     Next
```

No final de 2nd for loop, o peso calculado do voto/classificação (tot), um novo objeto instantâneo da classe summarizedpage é criado e os valores das propriedades são adicionados ao objeto.

```
Dim pgcontent As New summarizedPage

pgcontent.URL = y

pgcontent.Title = w
pgcontent.tot = tot

summarizedpages.Add(pgcontent)
```

De seguida, "tot" (peso da classificação) e "URL" são combinados e adicionados a uma matriz de cadeia de caracteres. Isto é feito porque o peso (tot) dos URLs deve ser ordenado por ordem decrescente. É difícil ordenar uma lista de objectos e isto é feito para ultrapassar o problema da ordenação.

De acordo com os estudos efectuados, o peso/classificação do peso (tot) pode ser qualquer valor entre (0 - 99) e os valores combinados (tot & URL) são armazenados como uma cadeia de caracteres e a ordenação enfrenta uma dificuldade quando existem valores "tot" com um e dois dígitos para URLs diferentes.

Por exemplo: abaixo estão três URLs com os seus votos e são adicionados à "lista".

10 urlA = 10 (tot) & urlA (URL do resultado)

8 urlB = 8 (tot) & urlB (URL do resultado)

50 urlC = 50 (tot) & urlC (URL do resultado)

O resultado esperado da classificação é apresentado da seguinte forma após a ordenação por ordem decrescente.

1. 50 urlC
2. 10 urlA
3. 8 urlB

Mas os valores efetivamente ordenados são ordenados por baixo porque os números de uma cadeia de caracteres também são considerados como cadeia de caracteres e não como números inteiros separados.

1. 8 urlB
2. 50 urlC
3. 10 urlA

Para enfrentar este desafio, no código abaixo é adicionado "0" à frente de "tot" no momento da criação da cadeia, se "tot" contiver um único valor.

```
countmyspace = countmyspace + 1

If countmyspace = 1 Then

 If tot < 10 Then

  my1 = "0" & tot & " " & y

 Else

  my1 = tot & " " & y
```

os passos acima são seguidos para outras variáveis (my1, my2, my3, my4, my5, my6, my7, my8, my9, my10) dependendo do valor de countmyspace (1 - 10)

```
   Next

Dim myspace() As String = {my1, my2, my3, my4, my5, my6, my7, my8, my9, my10}
```

Depois de todos os URLs, juntamente com "weigh", serem adicionados ao conjunto de cadeias de caracteres, é necessário ordená-los. A função "sort" ordena todos os elementos da matriz por ordem crescente. E a função "Reverse" volta a ordenar a matriz por ordem descendente. O código abaixo mostra como se faz.

```
Array.Sort(myspace)

Array.Reverse(myspace)
```

Em seguida, o elemento seguinte (URLs) da matriz ordenada é acedido através de um ciclo for e é relevante, enquanto outro ciclo for acede à variável de sessão "myspace" para comparar objectos e identificar o objeto correto. Uma vez encontrado o objeto correto, o URL e o título do objeto com peso (tot) cortado e separado da cadeia da matriz são adicionados ao novo objeto "pg". A cada ronda de 1st for loop, um novo objeto com URL, título e peso é adicionado a "URLweighMYSPACE" (lista de objectos).

```
Dim a As String

Dim b As String

Dim c As String

For Me.f = 0 To myspace.Count - 1

 If myspace(Me.f) = "" Then

  Exit For

 End If

 c = myspace(Me.f).Substring(0, 2)

 b = myspace(Me.f).Substring(3, myspace(Me.f).Length - 3)

 For Me.j = 0 To Session("myspace").count - 1

  If (Session("myspace"))(Me.j).url = b Then

   a = Session("myspace")(Me.j).title

   Exit For

  End If

 Next

 Dim pg As New summarizedPage
```

```
pg.URL = b

pg.tot = c

pg.Title = a

URLweighMYSPACE.Add(pg)

Next
```

STEP5-

Por fim, os resultados classificados são apresentados na apresentação Web. O utilizador selecionou se pretende ver apenas os 4 primeiros resultados classificados ou todos os resultados classificados, selecionando os botões de opção na interface. Assim, os resultados são apresentados de duas formas e as instruções If, else utilizadas para decidir a apresentação. Todos os pormenores dos URLs (Title/ URL/ Weigh) e outras etiquetas HTML para a disposição são adicionados a um controlo Placeholder (plhResult). Duas funções "getLiteral" e "gethyperlink" são utilizadas para colocar os literais relevantes e os URLs são hiperligações clicáveis. Em seguida, o marcador de lugar apresenta a apresentação e os URL classificados na interface.

```
If optRank4.Checked = True Then

    plhResult.Controls.Add(getLiteral(<font size='14'><b>"Top FOUR Videos (Youtube/Myspace)"</b></font>))

    For Me.f = 0 To 1

        plhResult.Controls.Add(getLiteral("<hr>"))

        plhResult.Controls.Add(getLiteral("YouTube - " & URLweighYOUTUBE(Me.f).Title))

        plhResult.Controls.Add(getLiteral("<br>"))
```

Se o utilizador tiver selecionado a opção "Top 4", segue-se o código abaixo.

```
        plhResult.Controls.Add(getLiteral("Ranking Weigh : " &
URLweighYOUTUBE(Me.f).tot))
        plhResult.Controls.Add(getLiteral("<br>"))
    plhResult.Controls.Add(gethyperlink(URLweighYOUTUBE(Me.f).URL))
        plhResult.Controls.Add(getLiteral("<br>"))
      Next
      For Me.f = 0 To 1
        plhResult.Controls.Add(getLiteral("<hr>"))
        plhResult.Controls.Add(getLiteral("MySpace - " &
URLweighMYSPACE(Me.f).Title))
        plhResult.Controls.Add(getLiteral("<br>"))
        plhResult.Controls.Add(getLiteral("Ranking Weigh : " &
URLweighMYSPACE(Me.f).tot))
        plhResult.Controls.Add(getLiteral("<br>"))
    plhResult.Controls.Add(gethyperlink(URLweighMYSPACE(Me.f).URL))
        plhResult.Controls.Add(getLiteral("<br>"))
      Next
      plhResult.Controls.Add(getLiteral("<tr>"))
      plhResult.Controls.Add(getLiteral("<hr>"))
    Else
```

Se o utilizador selecionou a opção "All" (Todos) na interface, o código abaixo é executado para obter os resultados

```
If optAll.Checked = True Then

    plhResult.Controls.Add(getLiteral("<tr>"))

    plhResult.Controls.Add(getLiteral(<font size='14'><b>"Top Videos from
YouTube"</b></font>))

    For Me.f = 0 To URLweighYOUTUBE.Count - 1

        plhResult.Controls.Add(getLiteral("<hr>"))

        plhResult.Controls.Add(getLiteral("YouTube - " &
URLweighYOUTUBE(Me.f).Title))

        plhResult.Controls.Add(getLiteral("<br>"))

        plhResult.Controls.Add(getLiteral("Ranking Weigh : " &
URLweighYOUTUBE(Me.f).tot))

        plhResult.Controls.Add(getLiteral("<br>"))
plhResult.Controls.Add(gethyperlink(URLweighYOUTUBE(Me.f).URL))

        plhResult.Controls.Add(getLiteral("<br>")

  End If
```

INTERFACE COM OS 4 PRINCIPAIS VÍDEOS (POR ORDEM)

No topo dos resultados, é apresentado um resumo dos "QUATRO melhores vídeos" e dos motores de busca onde foram encontrados. Cada vídeo é apresentado com o título do vídeo, o peso e o URL (hiperligação). O utilizador pode clicar na hiperligação de um vídeo na interface para o reproduzir. Em seguida, o vídeo é aberto numa nova janela do Internet Explorer.

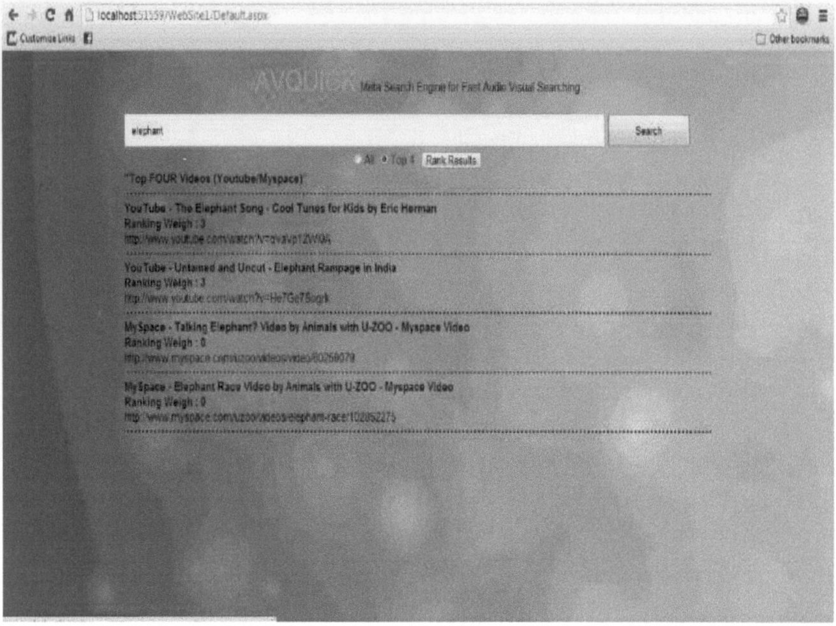

Figura A2:1 Interface com os 4 melhores resultados classificados

INTERFACE COM TODOS OS RESULTADOS CLASSIFICADOS

Os 10 melhores resultados extraídos de cada motor de busca são apresentados um após o outro. Cada vídeo é apresentado com o título/peso/URL do vídeo (hiperligação). O utilizador pode clicar na hiperligação de um vídeo na interface para o reproduzir. Em seguida, o vídeo é aberto numa nova

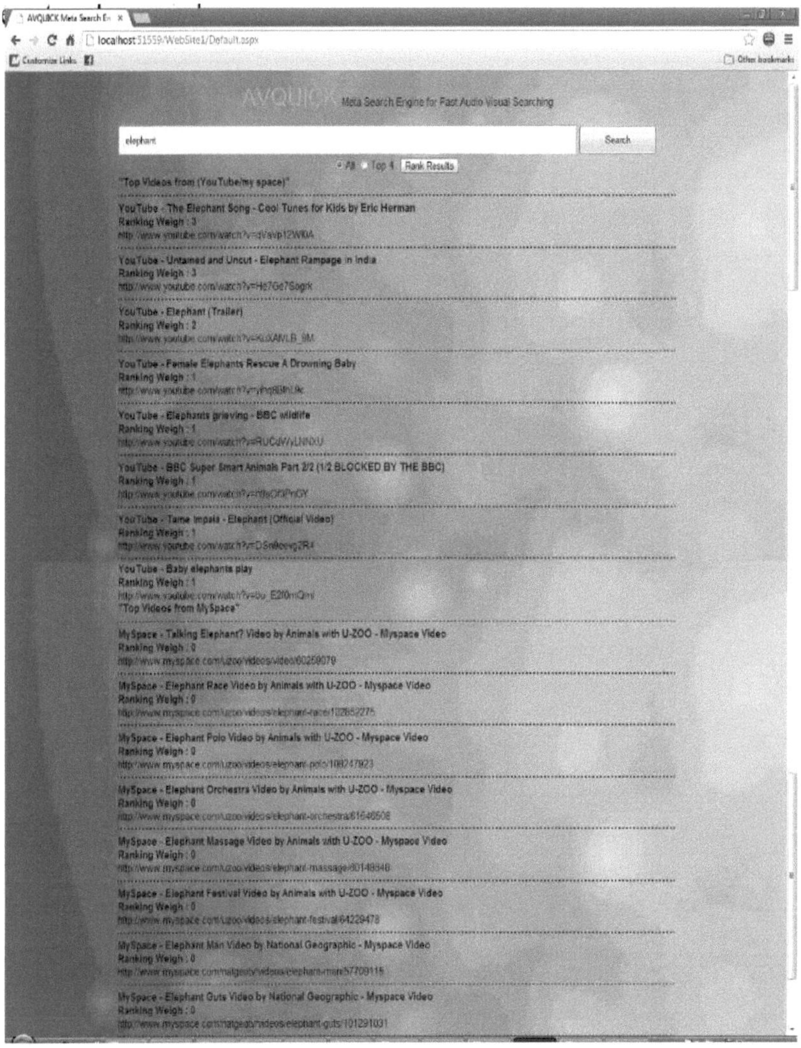

Figura A2:2 Ecrã com todos os resultados classificados

MIX
Papier aus verantwortungsvollen Quellen
Paper from responsible sources
FSC® C105338

Printed by Books on Demand GmbH, Norderstedt / Germany